Más allá de la sobriedad

Más allá de la sobriedad

Más allá de la sobriedad

Método clínico para la recuperación a largo plazo

Michael Craig Clemmens

PAX

Más allá de la sobriedad

Traducción: Gabriela Aguirre Rodríguez
Ilustración: Tiago Jamaica Bracho
Portada: Julieta Bracho-estudio Jamaica

Primera edición: julio de 2021

ISBN: 978-607-713-318-6

EDITORIAL TERRACOTA ET

DR © 2021, Editorial Terracota, SA de CV
Av. Cuauhtémoc 1430
Col. Santa Cruz Atoyac
03310 Ciudad de México

Tel. +52 55 5335 0090
www.terradelibros.com

Impreso en México / *Printed in Mexico*

2025 2024 2023 2022 2021
5 4 3 2 1

Para Ellen O'Brien Gaiser
Ojalá puedas bailar el afortunado camino al destino.

Índice

Agradecimientos

Quisiera agradecer a muchas personas que me brindaron su apoyo en el desarrollo de este libro. Las ideas y las experiencias aquí descritas son resultado de mi propia recuperación y de mi trabajo con los adictos en distintos escenarios. Quiero agradecer al personal del centro White Deer Run Treatment entre 1975 y 1978, especialmente a Dick y a Donna Flanagan, Judy Pollard (quien me dio el libro de Joseph Zinker), Casey Nepa, Dennis Pratz, Jeff Cousins, Don Langraff y Brett Hamilton. Del centro Butler A, quiero agradecer a Ellen O'Brien Gaiser y a Ben Krumpe, quienes me ayudaron a poner en práctica el enfoque Gestalt para la adicción. Mi propia recuperación y mi convicción en este trabajo contaron con el apoyo de Learita Garfield Scott y Coleman McG. También quiero agradecer a Joseph Zinker por ayudarme a mantenerme anclado y enfocado para poder iniciar este trabajo.

De manera especial quisiera agradecer el apoyo y la dirección que recibí de dos mentores, Marjorie Creelman y Tom Cutolo, ya fallecidos, cuyas perspicaces ideas y fe en mí me abrieron un camino firme que seguir y persistir en él. También quiero agradecer a todos los adictos que me han enseñado sobre la recuperación y me han recordado a mí mismo.

En el desarrollo actual de este libro, quiero agradecer especialmente a mis editores de Gestalt Institute of Cleveland Press, Gordon Wheeler y Jim Kepner, así como a Alan Rinzler de Jossey-Bass. Gordon, como siempre, brindó apoyo entusiasta a mi visión. Jim me aportó una edición crítica y años de colaboración en la enseñanza de la terapia orientada al cuerpo, que me ayudaron a desarrollar las secciones con ese enfoque en este libro. Alan me impulsó a lograr que mis ideas fueran legibles para el lector general, lo cual no es tarea fácil. También quisiera agradecer a Erin Simon por su edición temprana de este trabajo y a Barbara Edelman por su excelente trabajo editorial en la versión final. Quiero agradecer a dos de mis colegas del Gestalt Institute of Cleveland, quienes me apoyaron en la creación de este libro. Especialmente, quiero agradecer a Edwin Nevis por su idea de capacitar al personal en el GIC; este libro es producto de esa idea. Y también quiero agradecer a Mark McConville, quien editó y nutrió mi artículo inicial que fue la base para este libro.

Por último, quiero agradecer a mi esposa Denise y a mis hijos, Lindsey y Brenden, por su tolerancia, amor y apoyo a lo largo de este proyecto. Este es claramente *nuestro* libro.

Michael Craig Clemmens
Pittsburgh, Pennsylvania

Prólogo

Mientras estoy sentado con David en mi oficina, en un frío día de invierno, afuera cae la nieve. Él habla sobre lo distintas que se han vuelto sus relaciones en su décimo año de sobriedad y, en especial, sobre su sensación de ser distinto de los demás en las reuniones de Alcohólicos Anónimos (AA). "Ya no sé de qué hablar con algunas personas. Cuando logré estar sobrio, siempre podía relacionarme con los demás adictos en recuperación en torno al tema de cómo tomaba y me drogaba... de mi adicción".

Le pido a David que se quede con su experiencia actual de diferencia: ¿Podía verse a sí mismo en la reunión de AA mientras platica con esas personas? Él sigue hablando y empieza a frotarse la frente como si quisiera revivir. "Hay tantas otras cosas de las que quisiera hablar en la reunión... la elección, mi dificultad como padre, las imágenes que veo cuando medito; pero siento que tengo que permanecer en ese cuarto y hablar sobre el tema asignado... me hace sentir atrapado". Sus ojos se ponen llorosos mientras sacude lentamente la cabeza. "Las cosas son distintas... Yo soy distinto".

Escucho a David y me siento conmovido por su esfuerzo para dar sentido a su experiencia cambiante. Me parece claro que está en un lugar distinto del que ocupaba hace 10 años; ha pasado de ser un hombre cuya principal preocupación era mantener el alcohol y las drogas fuera de su organismo, a ser un hombre que busca sistemas más amplios en su vida que los que le impone la frontera de su piel. ¿Cómo puedo acompañarlo en esta diferencia y aun así respetar el terreno que ha cruzado para llegar ahí?

Este es el desafío de la terapia con adictos en recuperación a largo plazo: ocuparse de los contornos cambiantes de la identidad y las relaciones que evolucionan con el tiempo, mientras seguimos valorando los cimientos de lo que ya han logrado. Me viene la imagen de una membrana en expansión que abarca cada vez más y más de la vida, y a David sentado ahí, dentro de ella, mirando hacia fuera y a su alrededor. Al ver de nuevo la nieve que cae afuera, me doy cuenta de que yo necesito estar dentro de esa membrana con él. Me siento con las piernas cruzadas en el piso con David. Comprendo, de nuevo, que la recuperación de la adicción es más que un alejamiento de la droga. La etapa de recuperación de David es una expansión, un desarrollo hacia el mundo.

A medida que describo a David, recuerdo a todos los otros adictos que he conocido: los sobrios y los que consumen, los libres y los encarcelados, algunos que aún viven y otros que murieron hace tiempo. Durante más de 20 años he trabajado en algunos contextos con adictos: en centros de desintoxicación y rehabilitación, en casas de medio camino y en la práctica privada. En ocasiones he trabajado con clientes que no han sido diagnosticados, en contextos psiquiátricos. A lo largo de este tiempo he conocido cientos de adictos, la mayoría de los cuales ha vuelto a consumir drogas. Muchas de estas personas han sido encarceladas u hospitalizadas o han muerto debido a su adicción. Muchos de los adictos que he conocido no se recuperan; la mayoría continúa consumiendo o recae después de un periodo de abstinencia.

Este libro es producto de las dos décadas que llevo involucrado en el tratamiento de la adicción y la recuperación. Mi experiencia personal es que yo he estado en recuperación de la adicción al alcohol y las drogas durante más de 20 años. Una de las preguntas que me he planteado en estos años es ¿qué es la recuperación? Al principio, en mi propia recuperación y en mi trabajo con los demás, veía la recuperación como sobriedad o abstinencia, una especie de represión un *no-hacer.* Sin embargo, a medida que he seguido en recuperación, he experimentado mi propio crecimiento y he visto a otros enfocarse en temas más allá de la sobriedad. En mi experiencia clínica, los adictos en recuperación que vienen a terapia enfrentan una serie de asuntos y atolladeros *además* de la abstinencia. Estos asuntos o problemas son similares e incluyen aquellos que todas las personas experimentan.

Las diferencias con respecto a los adictos en recuperación son de dos tipos. En primer lugar, los problemas ocurren en la vida de la persona en el contexto de un patrón de automodulación. La *automodulación* es el modo en que un individuo influye en la cantidad y el grado en que establece contacto en un momento dado. El patrón de automodulación del adicto es de evitación y desensibilización, y está basado en alejarse de la sensación y pasar a la acción. Este movimiento se logra al usar el alcohol o las drogas, para así disminuir o modular las sensaciones experimentadas. Este patrón a menudo continúa durante la recuperación. Se cumple usando otros medios distintos de las drogas para pasar de la sensación a la acción sin darse cuenta.[1] Dicho patrón sigue siendo la opción dominante para el adicto en la interacción con los demás y con el mundo, hasta que desarrolla nuevos patrones. En segundo lugar, los efectos a largo plazo del uso de las drogas cambian la forma de darse cuenta y crean huecos en el desarrollo psicosocial del adicto. Estos dos efectos de la adicción hacen que los adictos entren a recuperación con un rango limitado de habilidades de contacto y de capacidades internas. En este libro, abordo cómo estas diferencias influyen en la recuperación del cliente y cómo lo hacen en mi práctica y en la teoría del trabajo clínico.

Una minoría de adictos que he conocido y que permanece en recuperación parece haber desarrollado nuevas habilidades para vivir consigo mismo y con los demás. El desarrollo de estas habilidades tiende a progresar en etapas, distintas para cada uno. Estas etapas empiezan con la tarea de mantener la abstinencia y evolucionan a través de varios niveles de desarrollo interpersonal y personal con el potencial de llegar a la trascendencia como crecimiento máximo. Este desarrollo puede ser promovido y potencializado en la terapia. Los desafíos particulares de cada etapa de la recuperación se vuelven la base para continuar en recuperación. Mi objetivo en este trabajo es describir estas habilidades en desarrollo en los adictos en recuperación y ofrecer un abordaje desde la terapia Gestalt para identificar el conflicto particular del paciente en recuperación.

Cuando empecé a trabajar en el tratamiento de la adicción, los modelos o abordajes válidos estaban dominados por la influencia de Alcohólicos Anónimos (AA) y por las técnicas de encuentro usadas en centros tales como Synanon, Daytop y la institución donde trabajé, White Deer Run, en Allenwood, Pennsylvania. En ese marco, experimenté tanto el poder del entorno terapéutico como el rango y la diversidad de los individuos en tratamiento que permanecían desatendidos. Gran parte del tratamiento era altamente experiencial y empleaba la representación de las conductas defensivas de las personas para intentar que dejaran de jugar y que admitieran su adicción. También hacíamos

[1] El autor utiliza el término *awareness* que, como no tiene una traducción exacta, en algunos textos se traduce como darse cuenta o percatarse. Aquí se empleará darse cuenta. [N. del T.]

algo de trabajo sustancial ayudando a los clientes a que trabajaran a través de experiencias dolorosas y que adoptaran conductas socialmente responsables.

Lo que más me sorprendió de esta experiencia fue que pocos adictos permanecían abstemios seis meses después. Algo con lo que debemos lidiar siempre al trabajar con adictos en recuperación es la recaída. Terence Gorski y Merlene Miller han hecho hincapié en esta realidad constante y han descrito enfoques de tratamiento para lidiar con la recaída o con los adictos que recaen. Mi experiencia es que la recaída es, con frecuencia, un proceso gradual que solo culmina con el uso de la droga. El regreso progresivo a la automodulación y al estilo de contacto adictivo empieza mucho tiempo antes de que el adicto consuma esa primera droga. En el capítulo 7, abordaré este proceso con ejemplos de casos.

Con el paso del tiempo, el *modelo de enfermedad* se ha convertido en el modelo principal en el trabajo con la adicción. Esta teoría, que comenzó con Alcohólicos Anónimos, fue aprobada más tarde por la Asociación Médica Americana, y promovida por la investigación tipológica de E.M. Jellinek. El *Manual diagnóstico y estadístico* (cuarta edición) de la Asociación Psiquiátrica Americana presenta la más actual versión del modelo de enfermedad, describe la adicción como "dependencia" de la sustancia y ofrece una lista de conductas observables, incluidas las señales de tolerancia fisiológica y la disminución del funcionamiento social. Es una perspectiva que concibe al adicto como alguien que sufre una enfermedad, así como uno puede tener una enfermedad física como la diabetes.

He encontrado que este modelo es inadecuado al trabajar con adictos por dos razones. Primero, la concepción de la adicción como enfermedad a menudo promueve que los pacientes evadan la responsabilidad por su conducta. Al centrar la atención en algunos procesos externos, en "eso", los adictos pueden rehusarse a apropiarse de su conducta cuando están intoxicados o de los beneficios que obtienen de tal comportamiento. En ocasiones, aun estando sobrios, los adictos explican sus acciones con estas palabras: "mi enfermedad está actuando". Este tipo de proyección fuera del *self*,[2] aunado a la creencia de que "no puedo evitarlo", disminuye la posibilidad del adicto de explorar nuevas alternativas de conducta en la recuperación.

La segunda razón por la que he encontrado este enfoque inadecuado, es debido a su excluyente énfasis en la abstinencia. El enfoque oposicionista de

[2] El término *self* se mantendrá en su original en inglés, pues es ampliamente utilizado en el contexto de la psicoterapia Gestalt. Su traducción sería el Yo. [N. del T.]

tomar versus abstinencia, fomenta que el adicto viva de manera binaria, lo que impide el reconocimiento esencial de que hay mucho más en la vida y en la recuperación. Sin embargo, considero que el desarrollo de una vida mayor, más expandida, se *basa en la abstinencia*, y que aspectos de la restauración y del crecimiento individual de cada adicto parten de esta base fundamental de sobriedad. Mi intención en este libro es hablar de estos procesos de crecimiento como una recuperación más allá de la sobriedad.

Distintos temas cotidianos o problemas parecen cobrar importancia para el adicto en diferentes momentos a lo largo de la recuperación, y la secuencia de estos temas sugiere un desarrollo en etapas del proceso de la recuperación. ¿Por qué la necesidad de otra teoría o enfoque para estudiar este extenso problema y fenómeno social? Creo que existe la necesidad de llevar nuestra visión clínica sobre los *adictos en relación con su mundo* a través de las etapas de recuperación, sobre todo, la de la recuperación a largo plazo. A la fecha, hay pocos escritos e investigaciones sobre la experiencia de los adictos en la recuperación a largo plazo. Incluso el texto principal de Alcohólicos Anónimos fue creado cuando los autores no llevaban más de cinco años sobrios.

La investigación sobre Narcóticos Anónimos define claramente la adicción y las diferencias entre adicción y recuperación, pero no explica los procesos para lograr este cambio. Estos textos son libros de autoayuda y, por lo tanto, no ofrecen perspectivas clínicas sino solo directrices. Aunque resulten útiles estos programas para quienes participan en ellos, tienden a no ser explícitos en cuanto al desarrollo de habilidades durante la recuperación. Este es un aspecto común en ambos programas; mucho de lo que los adictos hacen para cambiar no queda escrito, es parte de una tradición oral e implícita.

En un artículo previo, empecé a esquematizar las etapas de la adicción y de la recuperación. Ese enfoque, que seguiré aquí, describe el uso de las drogas como una estrategia de afrontamiento del adicto —lo que los primeros teóricos de la Gestalt, Frederick Perls, Ralph Hefferline y Paul Goodman llamaron "ajuste creativo"—. Cada persona tiene su propio estilo para interactuar con los demás y ocuparse de su *self*, un patrón de modulación del contacto. Este patrón o estilo de contacto se vuelve una forma habitual para interactuar con el mundo, es una manera de desensibilizar el *self*, lo cual deja al adicto con un repertorio de conductas inadecuado. Lo que planteo es que, para la persona, el uso del alcohol y las drogas es una forma de modular la sensación, que tiene ventajas interpersonales e intrapersonales. El malestar que la intoxicación oculta temporalmente, puede anteceder al periodo de uso de la droga en el adicto, y con seguridad, continuar tras la abstinencia. Este modelo de conducta adictiva es una combinación de evitación de la abstinencia y de teorías sociales de la adicción.

El panorama o modelo de recuperación de la adicción que presento considera un segundo fenómeno: las diferencias individuales que cada adicto, como ser humano, lleva a su vida. Esto es consecuente con la reciente investigación de Elizabeth Epstein y Barbara McGrady: "No es posible seguir asumiendo que el abuso de sustancias es de naturaleza uniforme y que quienes abusan de las sustancias son un grupo homogéneo". Lo que resulta evidente para los clínicos es cómo las diferencias individuales en el desarrollo psicológico y en la organización de la personalidad, así como las diferencias raciales, sociales y étnicas, moldean la problemática y la forma en que cada persona se recupera. Con respecto al desarrollo, podemos ver dos procesos en nuestros pacientes en recuperación: uno que implica etapas de recuperación de la adicción identificables de una manera uniforme, y el otro, el desarrollo psicológico único de cada individuo. Juntos, estos procesos son como prismas que reflejan y ofrecen distintas refracciones del otro. La recuperación es, a menudo, la continuación de un patrón de desarrollo interrumpido.

En el campo de darse cuenta del adicto, la idea o la sensación de la droga y su consecuente desensibilización quedan fijas como opción mucho tiempo después de que comienza la abstinencia. Debido al efecto a largo plazo que se produce por el consumo de las drogas en las emociones y en la identidad, la relación del adicto con los otros y consigo mismo permanece entrelazada con el uso de la droga o el alcohol durante mucho tiempo en la recuperación.

La terapia Gestalt ofrece una perspectiva que aborda las dinámicas individuales e interpersonales en curso. Este enfoque gestáltico pone el énfasis en el contacto entre las múltiples fronteras de la vida del adicto, mediante técnicas para clarificar dichas fronteras (técnicas a menudo mal aplicadas por algunos terapeutas en adicciones) y crea un lente para ver la experiencia de los adictos tanto de manera individual como en el ámbito de los sistemas interpersonales. Ejemplos de estas fronteras múltiples son los límites que definen la relación entre el *self* y una pareja, y el límite de las relaciones del adicto con distintos grupos sociales, culturales y étnicos. Este enfoque busca dar apoyo a personas como David, que está en desarrollo y en transición; adictos en recuperación que llegan a terapia con la necesidad de desarrollar habilidades para ir más allá de la sobriedad, hacia una vida más plena.

Mi intención es ofrecer otra perspectiva para el trabajo con los adictos en recuperación. Proporcionaré ejemplos de casos basados en mi propia práctica, que incluyen mi trabajo en distintos centros de tratamiento y entrevistas y presentaré los principios más importantes de la terapia Gestalt y cómo se relacionan con la recuperación.

Introducción a la edición en español

A partir de la primera edición de este libro, he viajado con esta propuesta a varios países y me he encontrado con las múltiples caras de la adicción y con las conductas de consumo de sustancias, en distintos contextos de todo el mundo. Desde Estados Unidos a Escocia, pasando por Israel, México y Australia mi experiencia ha sido enfrentarme con un torrente mundial de consumo de drogas, sobredosis y debates continuos sobre la legalidad de algunas sustancias prohibidas, así como el clamor sobre el tema.

Como sociedad global, hemos aprendido más sobre la neurobiología de la adicción y siguen apareciendo nuevos medicamentos para combatir la base fisiológica de la "compulsión" y el consumo continuo de sustancias, sin embargo, la lucha continua. Tras años de "guerra contra las drogas" y de medicamentos (drogas) que prometen disminuir el antojo, el crimen y la pérdida de vidas seguimos enfrentando un creciente número de adictos en la consulta de terapia Gestalt.

Es fácil tratar de "arreglar", frustrarse o, para algunos practicantes, volverse escépticos sobre resultados positivos. La alternativa que propongo es primero entender y explorar con el cliente su consumo de sustancias, así como la auto-modulación, una forma de manejar la propia experiencia. Como terapeutas Gestalt, nuestro trabajo consiste en explorar el poder de atracción de la intoxicación para nuestro cliente, no como un asunto legal o conducta incorrecta, sino como un patrón que tuvo cierta funcionalidad para el adicto. Sin esto, solo estamos tratando de eliminar conductas o de cambiar a la persona, y según nos muestra la teoría paradójica del cambio (Beisser), ninguna de esas dos metas nos generará la transformación esperada, sino que provocará conflictos de poder. *La terapia no cambia la adicción; es el darse cuenta de sí mismo y del otro, y desarrollar opciones de autorregulación lo que permite que los adictos cambien.*

El segundo aspecto importante en el trabajo con adicciones a la sustancia y al proceso es la práctica relacional con nuestros clientes, desde una perspectiva compasiva y práctica. Nuestra compasión radica en la valoración de su experiencia, su historia familiar y de su dolor a menudo negado. Trabajar con el cliente de manera práctica implica enfocarse en el impacto del consumo de drogas en sí mismos y en los demás, literalmente "lo que sucede".

Este libro abarca ambos temas: describe la experiencia somática/relacional del adicto y el adicto en recuperación desde la perspectiva de la expansión de los límites, lo que Brownell (2012) llama "mundos de la vida". La recuperación, que aquí presento como la rehabilitación progresiva o el desarrollo de las funciones de contacto (autorregulación de límites y sistema nervioso), sigue siendo poco abordada, en parte debido a la epidemia de muerte y caos que produce la adicción activa. Pero la recuperación, tal como la describo en las páginas que siguen, es la conexión relacional que sana un campo que se encuentra fracturado y sobreestimulado. Es decir, al apoyar una mayor recuperación en los clientes, mayor claridad en los límites y un darse cuenta sensible.

El proceso mismo de trabajar con la fenomenología de la intoxicación, desensibilización y el mundo del adicto requiere que permanezcamos conscientes de nosotros mismos como co-creadores del campo. Nuestras actitudes y respuestas a los clientes y a la adicción son las que sirven de apoyo para que vayan más allá del estrecho mundo de la automedicación y de la evitación continuas. La manera en que nos sentimos y en la que respondemos en el momento, lo que ofrecemos relacionalmente, *nuestra mera presencia* influye en el proceso de sanación en la recuperación. Esto constituye el "giro relacional" de apartarse de la visión del cliente/adicto como persona enferma o como pobre víctima y verlo como un compañero bailarín en el campo, tal como lo somos nosotros para ellos. Este libro busca que el lector aprecie y explore la danza del adicto y nuestro papel como compañeros de baile al "enfrentar la música".[3]

Así es como podemos crear un mundo que genere menos adictos y que no sea terreno de "fantasmas hambrientos" (Mate, 2010). Ese es el propósito de

[3] El autor hace un juego de palabras y utiliza la frase "facing the music", que literalmente significa "enfrentar la música", pero que también significa "enfrentar las consecuencias". N. del T.

este libro: presentar una perspectiva y un método para ir más allá del foco en el *self* individual y en su cuerpo, hacia un contexto que sirva de apoyo para la conexión mutua y la seguridad.

Michael Craig Clemmens PHD
Pittsburgh, Pa.

Capítulo 1. Adicción y terapia Gestalt

Este capítulo presenta un nuevo modelo de la adicción y la recuperación: el modelo de automodulación cuyo enfoque contrasta con el modelo de la enfermedad, que actualmente es el más utilizado en el tratamiento de la adicción. También presenta el enfoque Gestalt sobre la adicción y la recuperación que se empleará a lo largo de este libro y que enfatiza el proceso de automodulación desde la adicción hasta la recuperación. Los patrones que desarrolla un individuo antes y durante la adicción cambian en la recuperación, ya que son reemplazados por nuevos patrones de conducta, nuevas formas de automodulación. Si queremos apreciar plenamente los conflictos que presenta en la recuperación, es fundamental que encuadremos los cambios del adicto en el contexto de los patrones previamente desarrollados.

El modelo de enfermedad

Tal como dijo Stanton Peele, el modelo dominante en el tratamiento de la adicción es el de enfermedad. Se encuentra arraigado en la literatura de Alcohólicos Anónimos y descrito en el *Manual diagnóstico y estadístico* de la Asociación Americana de Psiquiatría como una serie progresiva de eventos identificables que incluyen consumo de alcohol y de drogas y un funcionamiento social decreciente. Una ventaja concreta de este modelo es que al describir la adicción como un "eso", disminuye la sensación de vergüenza de la persona. El adicto no es descrito como *malo*, sino como alguien que sufre una enfermedad. La investigación reciente respalda un correlato genético en la adicción.

Mi intención no es generar controversia sobre la predisposición genética, sino ayudar a evitar que se diluya la responsabilidad personal. Si entendemos la adicción solo como una enfermedad genética, no podremos examinar las posibles limitaciones del estilo actual de tratamiento. Además, como terapeutas, probablemente *interferiríamos* con el paso fundamental en la recuperación de un adicto: asumir responsabilidad por su propia conducta.

Existe un problema aún mayor con el modelo de enfermedad, o con cualquier modelo de desarrollo humano que no esté basado en la experiencia de vida de los sujetos. El modelo de enfermedad es un *constructo categórico*, una interpretación de la conducta en términos del marco de referencia previamente existente de las enfermedades físicas. Esta visión sobre el comportamiento del adicto ayuda a crear una entidad que se encuentra separada de este, una especie de germen al acecho que puede aparecer en cualquier momento para hacer que el adicto consuma drogas o alcohol. Tal visión puede hacer que los clínicos y los clientes en recuperación dejen de poner el foco en la conducta, en la búsqueda de sentido y en las elecciones, y en vez de eso se enfoquen en determinar quién tiene la enfermedad.

El modelo de automodulación

A pesar del hambre, la pobreza, la amenaza de perder a la familia, el trabajo o incluso la vida, los adictos organizan su experiencia en torno al consumo de las drogas, y excluyen virtualmente cualquier otro interés o responsabilidad. Desde una perspectiva gestáltica, la droga o la bebida siguen siendo dominantes en el darse cuenta del adicto y nunca termina ni se cierra. Incluso cuando un adicto está en abstinencia, la droga y las demás formas de desensibilización siguen dominando. Es como si tomar o drogarse fuera la única cosa que importara al adicto; esta relación exclusiva es la definición de la adicción. Aunque podría parecer que algunos adictos no están tan enfocados en la sustancia, es, de hecho, prioridad en sus vidas, y ya después prestan atención a otros asuntos de su vida.

Este modelo es mi intento de brindar lo que Elaine Kepner y Lois Brien llaman una "fenomenología de la conducta", una descripción de la conducta de un adicto, así como el significado de tal conducta. Este modelo puede así proporcionar tanto el "qué" como el "para qué" del adicto y su recuperación. Es una descripción de la evolución de la adicción como proceso de automodulación: cómo el adicto modula su propia conducta. A través de esta regulación del comportamiento, las personas influyen tanto en su propia experiencia como en la de los demás. Ver la adicción como automodulación implica entender que esto le sirve al adicto de varias maneras, una de las cuales consiste en que el individuo puede influir y alterar las sensaciones que experimenta, para evitar ciertas experiencias que considera indeseables. El proceso del adicto le sirve también de otras maneras, que incluyen: facilidad para cumplir con tareas que de otro modo parecerían difíciles, una sensación constante de confluencia o conexión con los demás y una sensación constante del *self*, que se percibe como coherente e integrada. Estas ventajas se perciben en las descripciones reales de adictos activos o en recuperación.

El segundo aspecto del modelo de automodulación es mi esfuerzo por describir cómo el adicto insiste en mantener conductas que parecen brindar cada vez menos beneficios. La persistencia del adicto en emplear el mismo proceso (intoxicarse) provoca una reducción del mundo que experimenta, un movimiento que tiene un enorme efecto negativo en su vida interpersonal. Esta desventaja de la intoxicación crónica es lo que habitualmente conocemos como adicción.

¿Cuál es, entonces, la ventaja o el lado positivo de que la persona persista en un patrón de intoxicación a pesar del estrechamiento que se produce en su experiencia de vida? A menudo la respuesta preferida es la conservación del estado de intoxicación. Otra forma de verlo es que los adictos tienen una relación con la droga que conocen, valoran y con la cual se identifican, así como sucede en una relación interpersonal. Como uno de mis pacientes dijo con respecto a la elección del narcótico, "Es mi esposa y mi vida". La naturaleza de esta relación es crucial para entender y trabajar con los clientes en terapia. Sin la perspectiva de la automodulación, cualquier conducta del adicto parecería una disfunción sin sentido o el síntoma de alguna enfermedad; las tareas de recuperación, por lo tanto, parecerían solo pasos correctivos para cambiar el problema, más que pasos hacia el desarrollo de habilidades de contacto y de expansión de los niveles de relación interpersonal.

Con base en la teoría de campo, este modelo apunta a las diferencias entre los adictos, así como a las diferencias en las condiciones del campo que normalmente no se abordan en el modelo de enfermedad. De acuerdo con Gordon Wheeler, la *teoría de campo* es un concepto de la psicología de la Gestalt que sostiene que experimentamos nuestro a*wareness* o consciencia en un campo más amplio o en un ambiente que ya está en movimiento y que cambia. Este ambiente más amplio incluye a otras personas, nuestra situación social, familiar o política actual, así como otras condiciones ambientales, pero que el individuo organiza con base en su necesidad. Esta organización del campo también se basa en el desarrollo de cada uno, su personalidad y factores individuales. Un niño de 10 años y un alcohólico de 30 años organizan el campo de un bar de distinta manera. El chico ve y se enfoca en la bolsa de pretzels y en los colores brillantes de la rocola; el alcohólico ve y se enfoca en las botellas detrás de la barra, siente su sed y se encamina directamente a la barra para pedir un trago. Debido a que los adictos varían en personalidad, crecimiento evolutivo, edad, género y otros factores individuales, el modelo de automodulación puede ayudar a aclarar cómo estas diferencias organizan los campos tanto de la adicción como de la recuperación. Nos permitirán trabajar con cada adicto de forma individual, apreciando los conflictos intra e interpersonales de cada uno. Estas diferencias individuales ofrecen un contexto que puede esclarecer nuestra visión del adicto como una persona única, insertada en una historia de vida y en un mundo relacional.

Por último, el modelo de automodulación concibe la evolución de la adicción como una poderosa influencia sobre el adicto. Esto nos permite considerar cómo el consumo de drogas puede influir en el nivel de funcionamiento de esa persona durante la recuperación. Lo que esto añade a nuestra visión como terapeutas es que reconocemos las etapas de recuperación como un progresivo restablecimiento y desarrollo de la integración social y psicológica del adicto.

Panorama general de la terapia Gestalt

Aunque recientemente ha habido algunos intentos por describir una perspectiva gestáltica para el trabajo con la adicción, la bibliografía de la terapia Gestalt en general ha dedicado una atención mínima al tratamiento de la adicción. Frederick Perls, Ralph Hefferline y Paul Goodman vieron el alcoholismo como algo anclado en el desarrollo oral. Describieron al bebedor como alguien que quiere beberse su ambiente, "obtener fácil y total confluencia sin la excitación (lo cual para ellos constituye un doloroso esfuerzo) del contacto, la destrucción y la asimilación". ¿Qué significa esta descripción intensa y mecánica? Perls y sus colegas trataban de describir cómo los adictos experimentan familiaridad y comodidad (confluencia) sin llegar a conocer a otras personas. Este proceso de participar en situaciones nuevas, de vincularse con otros y así tomar riesgos, es por naturaleza estimulante —emocional, cognitiva y fisicamente—. El contacto implica escuchar, estar de acuerdo o en desacuerdo, notar diferencias y llegar a experimentarnos tanto a nosotros mismos como a los demás. Los adictos, cuando consumen y cuando están en recuperación, a menudo tratan de evitar la experiencia de la estimulación, pues la viven como incomodidad. Parte de este patrón puede llevarlos a tener prisa por alcanzar la familiaridad.

La teoría y la práctica de la terapia Gestalt ofrece dos opciones para el tratamiento del adicto que pueden ser muy útiles. En primer lugar, la terapia Gestalt es una terapia de límites, que se enfoca en el límite entre el *self* y el ambiente, así como en los límites dentro del *self* (partes escindidas o polaridades). Este énfasis apoya nuestra observación del adicto individual a lo largo de las distintas etapas de desarrollo de la recuperación y de la maduración normal. El desarrollo psicológico y emocional se ve como una secuencia o evolución de distintas relaciones con los límites, como *self*-ambiente físico, *self*-padres, *self*-compañeros.

En segundo lugar, la terapia Gestalt concibe la conducta como automodulación, una visión que nos permite entender la conducta del adicto como *útil de alguna forma*; no es solo un hábito potencialmente autodestructivo, es también un estilo de afrontamiento, un ajuste creativo que permite a los adictos tolerar experiencias estresantes. Estas experiencias pueden ser interpersonales o interactivas, como entrevistas de trabajo, primeros encuentros en contextos sociales o conflictos con miembros de la familia. También pueden ser intrapersonales, dentro del *self*, como enfrentar recuerdos dolorosos o experimentar tristeza o frustración. Además, este proceso, que empieza como una modulación útil, se vuelve un patrón de conducta con interés propio; es decir, el adicto desarrolla el patrón de consumo de drogas para que las razones por las cuales las toma, dejen de formar parte de su darse cuenta, hasta que finalmente ese darse cuenta es solo la droga. Solo cuando el adicto deja de drogarse, los sentimientos y situaciones antes evitados vuelven a experimentarse.

Autorregulación organísmica

En terapia Gestalt, el término *autorregulación organísmica* denota el proceso de reconocer qué es más útil para nosotros en una situación particular, y de elegir si actuamos o no en consecuencia. Organizamos nuestra experiencia perceptual, cognitiva y kinestésica en conjuntos de figuras con significado y necesidad. En el funcionamiento normal, este proceso de organización nos conduce a las figuras que son más útiles para nosotros. Por ejemplo, cuando estamos hambrientos, podemos pensar en restaurantes que sirven el tipo de comida que se nos antoja, y se nos antoja la comida que cubre los nutrientes que necesitamos. Por eso, lo que nos *hace figura* —lo que destaca para nosotros de manera más notoria que otras figuras posibles— es idealmente lo que requerimos en ese momento.

En la adicción, el proceso orgánico de sentir o ver lo que es más necesario se distorsiona; por el contrario, el alcohol o la droga se vuelve algo fijo como figura predominante en la experiencia del adicto, hasta excluir otras necesidades relevantes, para impedir y posiblemente detener el desarrollo social y emocional. De hecho, otras figuras no sobresalen, la persona no las ve. El adicto desea drogas cuando tiene hambre, alcohol cuando quiere compañía y cocaína cuando necesita pagar las cuentas. Así es la naturaleza de la adicción, ocultar el resto de la vida. Pero el hecho de que el foco del adicto esté en la droga, también se basa en una necesidad: la necesidad de mantener el *self* y un particular marco de sentido.

Tal como J. Richard White lo describe, la adicción es tanto "un intento de sobrevivir; específicamente, sobrevivir espiritualmente" como un "deseo de una vida significativa". Mi experiencia al trabajar con estos clientes es que las personas que se vuelven adictas buscan algo más que la existencia diaria, pero terminan perdidas y son incapaces de lograr lo que buscan. Debido a su decisión de encontrar respuesta en las drogas, los adictos limitan sus horizontes y sus posibilidades. Creo que es nuestro deber, como terapeutas que trabajamos con adictos, apreciar no solo los aspectos limitantes de la relación de la persona con las drogas, sino también las significativas funciones de sobrevivencia que tal relación genera. Esta perspectiva nos dará una visión más amplia al trabajar con temas de contacto en la recuperación.

El enfoque Gestalt para la adicción se basa en tres observaciones: primera, la adicción se define como la relación exclusiva del adicto con la droga, convirtiendo otras relaciones o contactos en secundarios o periféricos. Segunda, esta relación que el adicto mantiene con la droga le ayuda a evitar otras sensaciones, a la vez que constituye un intento por sobrevivir con sentido. Y tercera, un enfoque para el trabajo con los clientes necesita abordar tanto el sentido de la conducta de sobrevivencia del adicto como el metapatrón de evitar mayor contacto con el *self* y el entorno.

Quiero presentar varios principios de la terapia Gestalt como marco de referencia para aclarar el proceso de la adicción y la recuperación. Hay principios descriptivos y de proceso, más que orientados al contenido. En la adicción y la recuperación, la droga es el contenido, y los patrones de conducta son los procesos que deben ser apoyados o alterados. Lo que considero más importante es lo que el adicto hace, lo que esa acción hace por él o lo que significa para él. Prestar atención al proceso del cliente nos permite el acceso a esas conductas y sus significados. Al trabajar con adictos en la recuperación a largo plazo, a menudo vemos que la droga o la bebida puede estar ausente, pero el proceso del individuo permanece sin control, lo cual lleva casi inevitablemente a recaer en la conducta adictiva abierta.

Ciclo de la experiencia

Al identificar el metapatrón de consumo de drogas como interés dominante (o figura) para los adictos, me parece útil trabajar con el proceso por el cual ocurre este constante deseo o pensamiento. Este patrón fijo es lo que diferencia al adicto del no adicto —de alguien que tiene hambre y come, en vez de tomar; que tiene una cuenta y la paga, en vez de consumir drogas—. Un modelo útil para ilustrar el desarrollo de esta necesidad que surge (figura) y la acción conductual consecuente es el *ciclo de la experiencia,* tal como lo desarrollaron Joseph Zinker y otros en el Instituto Gestalt de Cleveland. Podemos ver el ciclo en su forma ininterrumpida como un movimiento continuo del fondo a la figura y de regreso al fondo, de la sensación vaga al objeto específico de atención, y un flujo de energía en aumento a otro en descenso. Dos ejemplos de este ciclo pueden aclarar esto:

Un hombre que ve televisión empieza a sentir una ligera sensación de vacío en el estómago. Al principio ignora la sensación, pero pronto vuelve a sentirla y la identifica como hambre. Se dice a sí mismo, "tengo hambre". Se pregunta qué podría comer y empieza a imaginar un pedazo de pollo en el refrigerador. Se dirige a la cocina, abre el refrigerador y saca el pollo. A medida que se lo come, los músculos de su estómago se relajan y al final se siente satisfecho. Se sienta de nuevo frente a la televisión, ya que su sensación de hambre pasó, y su atención regresa a la película.

Una mujer revisa un montón de fotografías; las mira sin mucho interés hasta que se topa con la foto de una amiga que acaba de morir de cáncer. Al ver la fotografía, su respiración se vuelve más profunda y siente que su garganta se tensa. Siente que no puede dejar de ver la imagen; es el único objeto de su atención. Empieza a llorar, mira fijamente la fotografía y susurra, "Oh, Mary, ¡te extraño!". Llora con más fuerza, relajando la garganta. Siente como si necesitara hablar con alguien, no estar sola con esa tristeza; llama a su hermana y le dice lo que extraña de Mary. Después de unos minutos, su dolor pasa. Termina la conversación con su hermana y regresa a ordenar sus fotografías ahora que puede ponerles atención.

Estos son los procesos normales de experimentarnos y experimentar a los demás. Nuestra energía aumenta a medida que nuestro interés se vuelve una figura clara; actuamos con base en qué o quién nos interesa (figura) y hacemos contacto con eso o con él. Mi intención al presentar este ciclo es describir el proceso como una unidad de experiencia, una fotografía instantánea experiencial de cómo nos comportamos. En este proceso el contexto o fondo a partir del cual los sentimientos o necesidades adquieren relevancia es importante. La figura de nuestro interés siempre sobresale con respecto al fondo; nada significativo existe en sí mismo.

Durante este ciclo, la energía surge en forma de excitación. Si por alguna razón (miedo, culpa o creencia de que no obtendremos lo que nos interesa), bloqueamos o inhibimos nuestra energía o interés, entonces nuestra excitación se vuelve ansiedad. En la figura 1 se identifica el nivel creciente de energía en la primera mitad o el lado izquierdo del ciclo. Telfair-Richards ha identificado esta alta energía que apoya la acción como Yang, mientras que Yin es la *energía decreciente* que apoya la asimilación y el movimiento hacia lo que Frederick Perls llamó "punto cero". La habilidad para tolerar y quedarse con cualquiera de estos tipos de energía puede considerarse como un diagnóstico o evaluación de la función de contacto de una persona. Todos tenemos distintas preferencias para estas frecuencias en relación con nuestra propia historia (fondo) y estilo.

Los adictos tienden a tratar de llegar a la mitad del ciclo rápidamente, para evitar el lento aumento de energía que existe en la mayoría de las situaciones cotidianas. La intoxicación por drogas permite al adicto acortar este periodo al pasar a la acción. Por otro lado, a medida que este continúa con el consumo frecuente, tiene menos tolerancia para la segunda mitad del ciclo, menos tolerancia para el ritmo más lento de encontrar sentido o de integrar la experiencia. Esto es particularmente cierto cuando la experiencia por la cual ha pasado el adicto es vergonzosa o dolorosa.

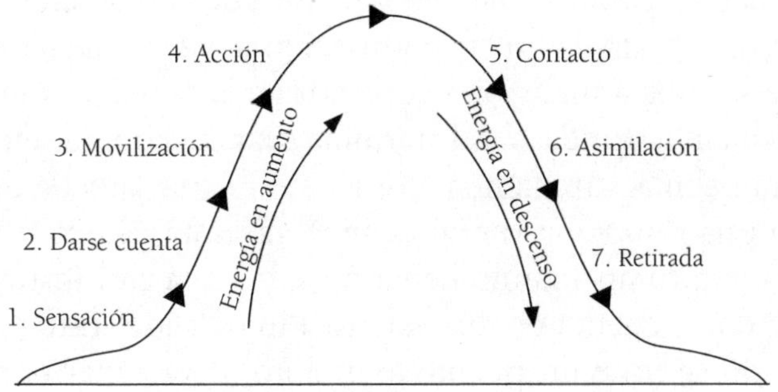

Figura 1. El ciclo de la experiencia "ideal"

Fuente: Adaptado de Kepner, J *Body Process: Working with the Body in Psicthotherapy.* San Francisco: Jossey-Bass

La adicción como el desarrollo de un estilo de contacto

A medida que el adicto pasa por las etapas de la adicción, el flujo del ciclo se modifica de manera consistente y el adicto se salta partes de este o las experimenta apenas. La figura 2 ilustra cómo se modifica la experiencia del adicto. La curva más cerrada representa la menor cantidad de tiempo y atención que se otorga al desarrollo adecuado de la sensación, a la elección de la acción y a integrar y asimilar la experiencia.

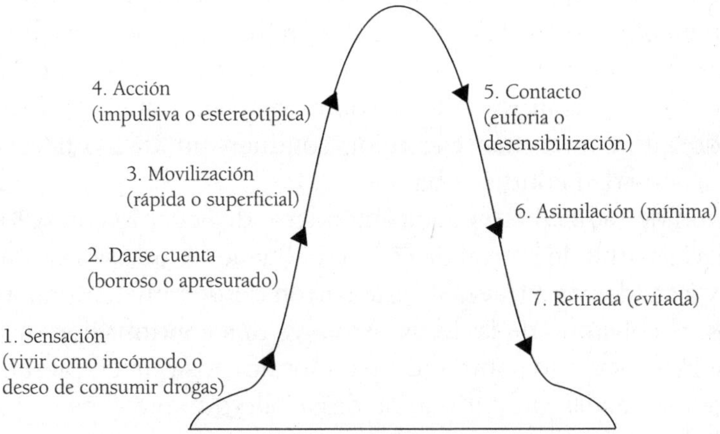

Figura 2. El ciclo de la adicción

El adicto tiende a pasar de manera repetitiva de la sensación (1) a la acción (4) y de regreso. Se trata de un ciclo sensación-acción. Un ejemplo podría ser un adicto que se sube a un avión sin pensar en la bebida. Empieza a sentirse nervioso, ordena una bebida, y se la termina sin pensarlo. Al sentir poco efecto tras la primera bebida, rápidamente ordena otra y se la bebe de un trago. La persona tiene una sensación (nerviosismo), no trata de entenderla, no toma en cuenta su compromiso de no beber más, y actúa casi instintivamente *dos veces* antes de darse cuenta de que está casi intoxicado. Este salto en el ciclo es como cuando se hace un puente a un auto, para evitar el mecanismo de ignición normal y provocar una acción de forma abrupta sin pasos previos.

El adicto se apresura a través de las partes de la experiencia que sirven de orientación —darse cuenta (2) y movilización (3)— y crea una especie de patrón de acción inmediato o impulsivo. Si existe información contradictoria que pudiera llevar a una acción distinta, como el recuerdo de la última borrachera, no emerge a la consciencia del adicto. Al regresar a la sensación, las funciones de contacto de asimilación (6) y retirada (7) se acortan o evitan; esto hace que el adicto aprenda poco de su experiencia. Lo que refuerza esta falta de asimilación y retirada es que el adicto está intoxicado, embotado cognitivamente y, por lo tanto, menos consciente de cualquier sentimiento fuera de los efectos de la droga. En el ejemplo de la persona en el avión, después de darse cuenta de que está bebiendo de nuevo, el adicto se dice a sí mismo: "¿Qué diferencia hay? Ya estoy borracho".

El ciclo de la adicción representa un estilo de contacto que al final filtra todas las experiencias a través de la misma acción: beber o consumir drogas. La adicción es una movilización de energía a través de la acción errónea. Recuerdo las historias que narran los adictos sobre cómo necesitan estar drogados para poder dormir, comer, hacer el amor, conducir un auto o llevar a cabo cualquier otra actividad cotidiana básica.

La evolución de cada adicto puede entenderse de acuerdo con la forma en que desarrolla este tipo de patrón de contacto. Puede ser que se experimenten a sí mismos y a los demás a través de este patrón desde muy temprana edad y, en esos casos, el consumo de la droga se vuelve una continuación del patrón de evitación. Esto es cierto sobre todo para los adictos que empiezan a consumir en la adolescencia, un periodo de desarrollo durante el cual el *self* está inmerso en la familia y el ambiente y, en especial, en los patrones para hacer contacto. El consumo de drogas o alcohol, que puede disminuir la sensación de torpeza y confusión, tan común en la adolescencia, puede fortalecer o exagerar los patrones ya existentes de sensación-acción característicos de esta época turbulenta.

El ciclo de la adicción ilustra no solo la conducta de la mayoría de los adictos al consumir, sino también un patrón de conducta potencialmente fijo durante la recuperación; es decir, puede ser un modelo útil para entender la forma en la que el adicto organiza la experiencia cuando no bebe ni consume. Ofrece un mapa del estilo de contacto momento-a-momento del adicto en abstinencia que aún no se ha recuperado del todo. En la recuperación, este ciclo puede representar la evasión de la persona de nuevas situaciones al pasar rápidamente de los sentimientos a la acción. Ejemplos comunes de este tipo de acción refleja incluyen etiquetar los sentimientos o las experiencias de forma prematura o sustituir otra sustancia (comida) o conducta (sexo, sobrecarga laboral) por el sentimiento o necesidad original. Este patrón de adicción —el conflicto fundamental de intolerancia a la sensación— persiste en la recuperación, a menos que se aborde, y da como resultado un *self* aislado y una vida emocional limitada. En la recuperación avanzada, los adictos que mantienen este patrón pueden seguir preocupados por sí mismos y ser superficiales con respecto a la vida. Puede parecer que tienen las respuestas para todo, pero que sus intereses son limitados; que saben cómo manejar problemas, pero no saben cómo conectar con los demás.

A lo largo de este libro aludo a este patrón de adicción de automodulación. El restablecimiento que se presenta en la recuperación se produce al cambiar este patrón y lograr un ciclo de contacto más pleno (como el de la figura 1).

Restablecer las habilidades para establecer contacto

Lo que puede restablecerse o desarrollarse durante la recuperación son las habilidades para establecer contacto —las distintas experiencias de interrelación con los demás—, pero ¿qué sucede con las habilidades del adicto para formar parte de estas distintas relaciones? ¿La sola abstinencia puede lograr que se vuelva un padre, una madre, miembro de algún equipo, o incluso que se vea a sí mismo en alguno de estos roles?

Lo que sostengo es que a medida que la adicción evoluciona, el cliente se da cuenta cada vez de menos niveles del sistema hasta que, finalmente, se experimenta solo a sí mismo. Por el contrario, podemos ver la recuperación de la adicción como el aumento del darse cuenta del adicto y su inclusión en niveles cada vez más amplios del sistema. Esta es la esencia de la recuperación a largo plazo como crecimiento relacional: la creciente capacidad del adicto para identificar y prestar atención a niveles cada vez más amplios del sistema más allá de sí.

Como ejemplo, tanto del estrechamiento en el contacto durante la adicción como de la expansión de la vinculación con los demás durante la recuperación, veamos el caso de Diana. A los 21 años, Diana era una estudiante sobresaliente en la universidad, involucrada en una gran cantidad de actividades, con muchas relaciones sociales tanto en la escuela como en la familia. Tras graduarse, empezó a beber de forma regular con colegas, en fiestas y después del trabajo. Su forma de beber, que al principio era esporádica, poco a poco empezó a consumir cada vez más tiempo. Dejó de reunirse con sus amigos de la universidad, pues no le resultaban entretenidos (no bebían mucho) y socializaba únicamente con aquellos que bebían. Su trabajo empezó a sufrir las consecuencias, y rara vez visitaba a su familia con el pretexto de "no tengo tiempo". Aunque una separación así podría considerarse parte de la etapa de una joven mujer profesionista, la verdad es que en el caso de Diana, ella estaba muy ocupada bebiendo. Sus otras relaciones cada vez le llamaban menos la atención y pasaba cada vez más tiempo sola. Su principal interés y relación se había vuelto mantener cierto nivel de intoxicación.

Cuando Diana dejó de beber, su foco principal continuaba estando sobre sí misma: cómo no tomar cuando pensaba en el alcohol todo el tiempo. Para mantenerse sobria, empezó a asistir a reuniones de AA para mujeres. Al principio, solo podía tolerar una relación *diádica* o de uno-a-uno, pero eventualmente empezó a verse a sí misma como miembro de un grupo. Su alejamiento de los demás sistemas, que había aumentado cuando bebía, se invirtió de manera gradual. Se veía a sí misma más en relación con los demás; incluso, la calidad de esas relaciones era distinta, un cambio que solo podía haber logrado al desarrollar la habilidad de interactuar a niveles más profundos.

Diana es un ejemplo del efecto que el consumo de drogas de un adicto tiene sobre su capacidad de involucrarse en un campo interpersonal en expansión. Cuando pensamos en la conducta y el potencial enfoque de tratamiento para los adictos, es útil que tomemos en cuenta el *nivel de sistema*, con lo cual me refiero a los niveles de complejidad de las relaciones. La terapia Gestalt ofrece un marco de referencia con múltiples niveles de sistema a través de los cuales podemos ver la adicción, empezando con el nivel del *self* (intrapersonal), hasta el nivel transpersonal. En mi experiencia y de acuerdo con lo que creo, este movimiento hacia fuera del *self* para abarcar niveles más amplios de sistema constituye el desarrollo psicológico. Tener un sentido sólido del *self* y así extender el propio campo más allá de este requiere el desarrollo de ciertas habilidades de contacto. La evolución de la adicción es la reducción del propio campo al *self* y es un obstáculo para ir más allá del nivel del *self*.

Niveles de sistema

Para definir estos conceptos, he ahondado en los niveles de sistema y desarrollo descritos por Mary Ann Huckabay y Ken Wilber. Como profesionales de la salud, podemos usar los niveles de sistema para identificar límites concretos en los cuales el adicto encuentra un problema. Esta perspectiva puede ayudarnos a diagnosticar los atolladeros del adicto y así guiarnos en nuestras intervenciones terapéuticas.

Nivel intrapersonal. De acuerdo con Huckabay, este nivel puede definirse como las "dinámicas y propiedades que pertenecen a los límites del sistema del *self*". La importancia de ver al adicto desde un nivel intrapersonal es que el límite del *self* (yo, no yo) puede describirse en términos de sus cualidades, como poroso, flexible o rígido e impenetrable.

Cuando acompañamos a los clientes desde un nivel intrapersonal, el trabajo inicial consiste en ayudarlos a definir su límite con respecto a las drogas y el alcohol. Al definir este límite, podemos trabajar con los adictos para que presten atención a la definición o identidad, a las cualidades o partes dentro de sí mismos y a sus propias sensaciones. Un ejemplo de esta última tarea es ayudar a los adictos en recuperación a identificar y distinguir las sensaciones como algo más que señales para consumir drogas y alcohol. Una persona puede experimentar la molestia o el nerviosismo como "ganas de drogarse". Con apoyo para quedarse con esta sensación, el adicto podría reconocer la molestia experimentada como miedo o enojo debido a un suceso reciente.

Otro ejemplo del trabajo con adictos desde un límite intrapersonal es cuando se les enseña a bajar el ritmo. Muchos clientes reaccionan en vez de actuar; su paso por el ciclo es rápido aun en la recuperación. Al desarrollar habilidades de automodulación, como la respiración y el arraigo, las personas pueden influir en su propio nivel de ansiedad y así aprender a no reaccionar de la forma habitual.

Nivel interpersonal. A medida que el adicto empieza a avanzar en la recuperación, pasa de la exclusiva preocupación por el *self* a la interacción con los demás. El campo que se crea con esta interacción establece un límite que se describe en términos de un proceso de dar y recibir; diferencias, polaridades y roles colaborativos apoyan este proceso. Por ejemplo, la relación entre un adicto y su pareja es un sistema interpersonal. Las dos personas desarrollan un patrón de interacción y cada uno experimenta al otro miembro. Otro paso importante en el nivel interpersonal es el punto en el cual un adicto se acerca a pedir ayuda o tratamiento por primera vez. La relación interpersonal es el modelo de apadrinamiento de AA. Esto suele resultar difícil para el adicto en recuperación, cuyo sentido del *self* con los demás está basado con frecuencia en la vergüenza. La otra característica de las relaciones interpersonales del cliente es la sensación de desconfianza.

Al trabajar con la adicción, el terapeuta y el adicto se vuelven un nivel interpersonal de sistema. El terapeuta puede ayudar al cliente para que vea su interacción compartida como un ejemplo de cómo se comporta o interactúa con los demás. En la recuperación avanzada, los adictos casi siempre han desarrollado algunas habilidades para interactuar con los demás, un desarrollo que conlleva el trabajo con los sentimientos de vergüenza personal y desconfianza hacia los demás.

Nivel de grupo o familia. A través de la intención y la interacción, múltiples *selves*[1] forman un todo más amplio o sistema. Las cualidades del sistema pueden variar de acuerdo con el límite, los patrones de comunicación y las normas. Desde esta perspectiva, el grupo, la familia o el sistema es el lente desde el cual se organiza; para el terapeuta, el grupo o familia es el adicto. Para los individuos que se experimentan a sí mismos como parte de este sistema, el grado de conexión y las metas en común son más importantes que para aquellos que no.

El nivel de grupo señala la interacción y las relaciones entre todos los miembros del grupo o familia; es mayor que la suma de sus partes. El grupo crea su propio límite, su propia definición de quién es miembro. Para los adictos en recuperación, ser parte de un grupo puede constituir un elemento importante del proceso de sanación. Trabajar a nivel de grupo permite que la persona explore el sentido y las experiencias como "parte de". Con frecuencia, los adictos ven los grupos como algo que los quiere controlar y por eso se niegan a participar. Esta es la lucha que algunos adictos tienen con AA o Narcóticos

[1] *Selves* es el plural de *self*. [N. del T.]

Anónimos (NA); el hecho de unirse a un grupo lo perciben como una amenaza de ser devorados o de perder su identidad individual.

Debido a su historia compartida, las familias constituyen un grupo único, un tipo único de sistema más amplio. Incluyo a la familia como parte del nivel de grupo porque el reto que implica para los adictos integrarse e identificarse con un grupo a menudo se basa en su primera experiencia con un sistema más amplio, es decir, su familia. Muchos de nosotros, que trabajamos con adictos en recuperación, vemos la familia de origen de la persona como un patrón de su conducta a lo largo de la recuperación. La familia del adicto suele ser el modelo de cómo percibe su *self* en los grupos.

Nivel de comunidad. A medida que los adictos expanden su campo más allá del *self*, se vuelven parte de la comunidad de otros, como puede ser un pueblo, un grupo étnico, raza o nación. Este nivel es análogo al nivel de relación de "tribu" en el desarrollo. Los individuos pueden darse cuenta de o sentirse conectados con cualquiera de estos grupos, que están interrelacionados y que son una extensión del *self* en el mundo.

Un ejemplo de este nivel de sistema para los adictos es la participación en la comunidad local, a través de la labor social o de la acción social. Otro nivel importante al cual prestar atención al trabajar con adictos es la identificación con un grupo étnico o racial. Los orientadores a menudo pasan por alto este asunto o lo consideran como algo fuera de la competencia de la psicoterapia, pero a medida que los adictos avanzan en la recuperación tendrán que trabajar en terapia para definir esta experiencia.

Nivel transpersonal y espiritual. Considero que este nivel de interacción incluye y va más allá del cuerpo, de la identidad individual y del grupo. Transpersonal es el proceso de mantener todos los sistemas de forma consciente y de manera simultánea: percibir la conexión de distintos grupos e ir más allá del *self* mientras este se mantiene como tal. La habilidad de una persona para percibir todos estos niveles como interrelacionados es en gran medida independiente del campo y trascendental. Para el adicto en recuperación, este es el nivel de darse cuenta descrito en los pasos 11 y 12 de Alcohólicos Anónimos y Narcóticos Anónimos. En mi experiencia, rara vez lo alcanzan los adictos —u otros, en realidad—. Aunque existe alguna forma de creencia espiritual al inicio de la recuperación, la capacidad para trascender el *self*, grupos, familias y grupo étnico es resultado del crecimiento, y es, por lo tanto, más común en la recuperación avanzada, después de que el adicto ha evolucionado a través de los niveles de sistema.

Estos niveles son campos del grado de relación de la experiencia humana. Para los adictos, pueden variar desde el pleno desarrollo hasta lo más simple. Al prestar atención a estos niveles de sistema, los terapeutas localizan áreas de intervención, marcos de referencia para comprender las conductas y los sistemas en los cuales esas conductas están inmersas. Creo que podemos considerar estos niveles como etapas de desarrollo para cualquier individuo. El paso del *self* al *self*-otros claramente representa un paso de crecimiento que depende del aumento de la tolerancia al contacto con los demás. Entonces cada una de estas etapas continúa, y cada paso precedente sirve de base para el siguiente. Esta perspectiva nos permite ver qué nivel de sistema es más terapéutico para un adicto en determinado momento, y evaluar la capacidad del individuo para establecer contacto e identificarse con ese nivel. Así, estos niveles pueden ser diagnósticos y ayudarnos a describir las relaciones actuales significativas en la frontera.

Entender la identidad intrapersonal del adicto proporciona una consciencia de cómo interactúa con los demás a nivel de grupo. Si el individuo se ve a sí mismo solo como adicto, entonces se identificará más fácilmente con un grupo de adictos y tendrá dificultad para relacionarse con un mundo más amplio.

El adicto está inmerso en cada uno de estos sistemas, como una estrella en una constelación. El tema importante para los adictos en terapia es su capacidad evolutiva para interactuar en cualquiera de estos niveles. Puede ser que no se vean a sí mismos como parte de estos sistemas múltiples. Creo que es útil percibir la relación de uno mismo con los demás como conectada de alguna manera con la propia pertenencia a un grupo o sistema —como la familia, el grupo étnico, el país— y, al mismo tiempo, experimentar el *self* como una unidad diferenciada. Experimentar primero el Yo es la base para la conexión en todos estos otros niveles. Paradójicamente, no podemos conocer el Yo sin alguna relación con los demás o con el ambiente. Nos conocemos a nosotros mismos por contraste, por nuestras diferencias y similitudes; sabemos dónde terminamos al sentir contra qué estamos.

En terapia Gestalt estos niveles de sistema se consideran continuos o contiguos. El énfasis en la terapia depende tanto de la capacidad del cliente para funcionar en un nivel concreto como de su necesidad o interés. Por ejemplo, la necesidad de pertenencia puede enfatizar la importancia del nivel de grupo, mientras que los intereses espirituales en aumento pueden llevar el foco del adicto al nivel transpersonal.

En los siguientes capítulos hablo sobre la experiencia del adicto desde la óptica de estos niveles. Mi creencia subyacente es que la recuperación y la maduración evolutiva son sinónimos y que definen el proceso de pasar entre, y a través de, estos niveles. Veremos las etapas de la recuperación a través de estos niveles de sistema como el proceso del adicto de expandirse y unirse al mundo de otros.

Capítulo 2. El proceso de la adicción: Las raíces de la recuperación

Mi idea de la relación entre la adicción y la recuperación es que son dos contextos de un mismo deseo de sobrevivencia y sentido. No creo que la adicción sea exclusivamente noche y la recuperación, día, o que la adicción sea únicamente la enfermedad, y la recuperación, la cura. Estas definiciones son simplistas y ocultan la posibilidad de que ambas modalidades (adicción y recuperación) sean formas de automodulación, luchas por adaptar el *self* en un campo interpersonal.

Por supuesto que, en alguna medida, las analogías a las que me opongo pueden ser acertadas: como clínicos, hemos visto el evidente renacimiento de un alcohólico que ha dejado de beber. Hemos atestiguado el cambio en la personalidad cuando el adicto a la cocaína se mantiene limpio durante 10 años. Pero la adicción es más que una digresión o evitación; es la búsqueda de sentido y sobrevivencia que al final lleva a las profundidades del dolor y el aislamiento. Sin embargo, esos mismos temas que subyacen en la búsqueda de significado de la persona, tan aparentes en la adicción, resurgen en la vida y en la terapia a medida que la persona se recupera. Mi perspectiva en torno a este proceso es que la búsqueda esencial de sentido del adicto es la raíz subterránea que crece durante la adicción, y que emerge y se convierte en los temas importantes en la recuperación. Las mismas raíces conectan la vida subterránea de la adicción con el árbol floreciente y en expansión de la recuperación. El crecimiento o la expansión de cada cliente está influido no solo por el esfuerzo de permanecer sobrio y de cambiar en la recuperación, sino por estas raíces o temas —tópicos que moldean la experiencia del adicto al adoptar un estilo personal e interpersonal—. En la recuperación, este moldeamiento es visible en cómo los adictos establecen contacto, crean límites con los demás y toleran sus propias sensaciones.

Las etapas de la adicción

Para comprender y trabajar con los adictos en recuperación, el trabajo clínico se contextualiza en el proceso de adicción que cada persona en recuperación ha vivido. El proceso de la adicción prepara el escenario para las tareas y etapas de la recuperación. La siguiente es una versión corta de las etapas de la adicción, que describe el desplazamiento del adicto a una existencia cada vez más aislada y enfocada en sí mismo: la vida de la relación con la droga. Estas etapas se describen como la evolución de un proceso y como una forma de automodulación por parte del adicto mediante la cual este desarrolla el *ciclo de contacto de la adicción.*

Evitación

En la primera etapa de la adicción, darse cuenta de algo, como la incomodidad al conocer personas, se modifica tomando un trago o una droga. De esta forma, la excitación normal del contacto inicial se reduce. Cada sustancia tiene un efecto particular en el consumidor, así que lo que no se siente es la excitación de la vida normal. Lo que no se siente —o se interrumpe— es el conjunto de sensaciones que tenemos al inicio de una experiencia. Esta interrupción del contacto puede ocurrir entre la sensación y darse cuenta, de tal forma que la ansiedad o la incomodidad no se siente nunca o disminuye de forma considerable. No es lo mismo que la *estimulación*, que el consumidor obtiene de las drogas como la cocaína y las anfetaminas. Su efecto es farmacológico y los adictos lo viven como emocionante.

Un adicto también puede beber en la fase de movilización-acción de forma que sustituye hablar con otros o interactuar con ellos por más uso de químicos. Beber tiene el objetivo adicional de tener "algo que hacer". Puede ser una gran atracción para los adolescentes, quienes con frecuencia se experimentan como aburridos o sin tener nada que hacer. La intoxicación puede proporcionar la estimulación que luchan por adquirir por sí mismos y un escape para la energía en aumento.

Por ejemplo, un alumno de preparatoria dispuesto a ir a su primer baile puede descubrir que los miedos naturales a ser rechazado y observado pueden reducirse con unos cuantos tragos de cerveza. El adolescente, entonces, evita la crisis de desarrollo de socialización al consumir la droga.

El mismo proceso puede emplearlo un adulto. Una vendedora presionada por cumplir con las ventas puede acostumbrarse a tomar un trago antes de ver clientes. Como por arte de magia, la sensación de hundimiento en su estómago desaparece y se siente como si pudiera vender cualquier cosa. Cada venta refuerza su creencia y puede incluso parecer muy segura de sí misma frente a sus clientes. Su problema se presenta cuando no ha bebido antes de ver a un cliente, pues ha dependido de la confianza líquida y no ha adquirido un sentido de su propia habilidad.

En ambos casos, el adicto en potencia ha aprendido una lección: ciertos sentimientos y experiencias incómodas pueden ser evitadas o incluso dominadas mediante el uso de las drogas. Si este aprendizaje se repite, tanto el adolescente como la vendedora tendrán menos tolerancia a la misma ansiedad pues encontraron *una salida*.

Mantenimiento

En esta etapa, los consumidores tratan de mantener el sentido de bienestar que alguna vez adquirieron cuando consumieron alcohol o drogas en un inicio. Esta sensación de comodidad puede ser interna o interpersonal (o ambas): es la modulación del contacto o interrupción de la confluencia. Erving y Miriam Polster definen la *confluencia* como "un fantasma perseguido por las personas que pretenden reducir las diferencias al grado de moderar la experiencia inquietante de la novedad y la otredad". Quien consume alcohol o drogas ha tenido algún éxito al modular sus sentimientos a través de la intoxicación. Para mantener esto, quien consume necesitará hacer más que consumir de manera regular, y al final aumentará la dosis. Como Perls y sus colegas observaron, el estilo interpersonal del adicto se vuelve un intento por entrar "en confluencia inmediata sin contacto previo con la otra persona".

Un ejemplo sería el alcohólico que llega a una cena ya intoxicado y se dirige a quienes acaba de conocer como si fueran amigos de toda la vida. En esta etapa del proceso, los adictos consumirán sustancias cada vez con mayor frecuencia para recrear esas experiencias. Estos sucesos falsamente cálidos sustituirán las relaciones arraigadas en la experiencia de darse cuenta del *self* y el otro. Mientras tanto, los demás invitados a la cena apenas habrán conocido a esta persona y no compartirán la sensación del adicto de haber pasado un buen rato.

Por dentro, lo que se mantiene es el efecto de relajación o euforia de la droga. El individuo busca mantener la sensación constante de bienestar o seguridad producida por la droga.

Atenuar nuevas figuras

Tras desarrollar algún patrón para tratar de mantener este estado, el adicto tiene aún menor tolerancia para la energía y la excitación de situaciones nuevas, y mayor inclinación por situaciones familiares, predecibles. El efecto de la droga es la situación o experiencia familiar, predecible. El alcohol o las drogas se emplean de forma prematura en el ciclo de contacto. El consumidor se acostumbra a evitar la energía creciente de la sensación y de darse cuenta. De forma progresiva, las sensaciones no producidas por la sustancia se viven como intolerables o "demasiado". La tolerancia cada vez menor a la sensación se compara con la de una víctima de quemaduras, quien, al no tener la capa externa de piel, experimenta la más mínima brisa como un dolor insoportable.

Por lo tanto, la meta para el estilo de contacto del adicto es no dejar que emerja ninguna experiencia nueva y mantener un *pseudocontacto* o una *pseudoestimulación* familiar. El contacto es el surgimiento espontáneo de una experiencia nueva; los sentimientos, pensamientos y percepciones no se pronostican, sino que se experimentan en el contexto relativo a la necesidad y el ambiente del individuo. Al influir en la experiencia y en las sensaciones que llegan, el adicto crea una experiencia familiar recurrente, un pseudocontacto. Paradójicamente, el adicto experimenta cada nueva intoxicación o consumo de droga como estimulante, aun cuando no experimenta nada nuevo. Esta estimulación no aparece mediante el proceso natural de excitación al interactuar con los demás ni por el aumento de energía del *self*, está inducida por el consumo de droga. Es el mismo proceso ya conocido y, por lo tanto, no emergen nuevas figuras. El adicto no pone interés en otras figuras (relaciones, responsabilidades profesionales, autocuidado).

El acto de consumir es ahora beber, inhalar o inyectarse. La droga cruza la frontera de contacto del *self* sin discriminación alguna. En este punto del proceso, el consumo se vuelve introyectivo; la bebida o la droga normalmente no se prueba o experimenta en el punto de contacto.

Estrechamiento

A medida que evoluciona el proceso adictivo, la experiencia del adicto se vuelve más estrecha, lo que genera el fondo empobrecido del que Jesse Carlock habla. El adicto tiene menos contacto o necesidad de otros, menos sensaciones internas y menos ideas nuevas. La experiencia se centra cada vez más en el mundo interno de la persona y menos en el mundo de los otros como personas reales. La crisis que se crea es cómo lidiar con la creciente molestia o ansiedad interna. Una vez que el adicto se ha intoxicado, el foco permanece en el *self* y en mantener la experiencia deseada, restringida y redundante. Este campo estrecho es a lo que Richard Knowles se refiere como una relación "sin esperanza" con el mundo. El adicto no confía ni abre la frontera a lo nuevo o desconocido. De cierta forma, el uso continuado de drogas es un intento de crear un escenario predecible y perfecto, tal vez una recreación de esa primera borrachera o perfecto resplandor.

Este mundo más estrecho se vuelve la meta de la adicción en esta etapa. Pero se vuelve cada vez más difícil de mantener a medida que la tolerancia del individuo aumenta y la vida empieza a colapsarse en todas direcciones. También el rango emocional del adicto se vuelve más estrecho. A menudo las personas en esta etapa de la adicción sienten solo enojo, miedo y la compulsión por la droga.

Ciclos rotos, promesas incumplidas

Al interrumpir innumerables oportunidades de completar interacciones o experiencias de contacto, el adicto genera una enorme acumulación de asuntos inconclusos. Se pierden trabajos, se disuelven matrimonios, se olvidan importantes oportunidades de carrera y relaciones. Con frecuencia los adictos racionalizan o niegan la importancia de estas rupturas y su causa (su propio consumo de drogas) pensando "Nunca me gustó realmente ese trabajo… hombre… departamento… ciudad… de cualquier manera". El punto de la adicción es evitar sentimientos y sensaciones desagradables, así que la vergüenza que se va formando debe contraatacarse con negación y racionalización.

La persona necesita alejarse de sentimientos funcionales de remordimiento y añoranza que pueden empezar a surgir cuando no está intoxicado. Por *remordimiento funcional* me refiero a esos sentimientos que surgen de darse cuenta de la propia conducta. Estos sentimientos están arraigados en nuestra conexión con los demás y en la realidad de que si atropellamos a alguien cuando estamos tomados, somos responsables de dicha acción. Estos sentimientos son los efectos secundarios del proceso del adicto. El adicto recurre, por supuesto, al método infalible y "bebe para olvidar"; se interrumpe otra sensación que emerge. Beber o consumir y estar sobrio de nuevo se vuelve un ciclo eterno. El adicto debe evitar el dolor de experimentar estos sentimientos y darse cuenta; pero cada episodio de consumo crea más problemas conductuales (accidentes de auto, discusiones, faltar a citas) y más sentimientos negativos. Los sentimientos de miedo, vergüenza y remordimiento crecen de forma exponencial.

Colapso eventual

En este punto, el mundo del adicto se ha reducido al *self* y la droga, la relación "yo-eso" por excelencia. La mayor tolerancia a la sustancia demanda mayor consumo. El ciclo de contacto permite al adicto vivir con apenas un nivel mínimo de sensación. Al seguir consumiendo, la persona pasa físicamente a una posición horizontal —acostado de espaldas, o lo que en ocasiones se conoce como "caerse de borracho"—. Este es el fenómeno que Richard Knowles describe como "horizontalidad", una sensación de estar indefenso ante el mundo, incapaz de lidiar emocional o incluso físicamente con el entorno que se cierne sobre y alrededor del adicto. De hecho, muchos adictos llegan a esta posición física en las etapas más avanzadas del consumo, pero otros se describen a sí mismos como sintiéndose "por debajo de la gente, aplanado... incapaz de levantarse... indefenso... como un niño".

Esta etapa de horizontalidad existencial —pérdida de la capacidad de permanecer de pie y de participar en el mundo de una forma llena de contactos— es el momento más crítico en la evolución de la adicción. Es un momento de decisión que puede volver de manera repetida en los adictos; pueden entrar y salir de este estado colapsado durante años. Cuanto más tiempo permanezcan estas personas en esta etapa, más difícil les será imaginar una vida distinta, una vida sin alcohol o drogas. Organizan tan de lleno su campo en torno a la adquisición, el uso y la posesión de la droga, que no queda mucho más en su consciencia. Esta suele ser la experiencia de los alcohólicos de las zonas marginadas o de los consumidores de narcóticos de largo plazo.

Efectos de cada etapa

Estas etapas destacan el proceso del adicto de influir en la experiencia mediante el uso repetido de las drogas y el alcohol. Es un proceso de estrechamiento del foco de interés, y de interés casi exclusivo en la droga, que va en aumento. Pero el efecto de la sustancia genera capas de desensibilización que permiten que el adicto continúe con la conducta sin pensarlo dos veces y sin remordimiento. Así, el proceso se autoperpetúa; el adicto consume para sentirse mejor o más tranquilo, pero cuando está intoxicado se comporta de formas que cuando está sobrio le producen incomodidad. La cura para lo que aflige al individuo se vuelve precisamente lo que lo aflige. Obviamente, hay niveles de sistema más amplios que están involucrados y que colaboran en el consumo de drogas del adicto. Ningún adicto está en este proceso por sí mismo, pero la tarea inicial para la recuperación será que mantenga su límite con las drogas, sin importar lo que hagan los demás.

Sería erróneo pensar que todos los adictos atraviesan estas etapas al mismo ritmo o con la misma intensidad —o incluso que todos empiezan en la etapa uno y terminan en la etapa seis—. Muchos alcohólicos empiezan a tomar y después *desarrollan* una intolerancia a la sensación tras años de beber socialmente. Sin embargo, otros pueden vivir en la etapa de mantener la confluencia durante 10 o 20 años, tal como el consumidor de metadona o alcohólico tipo *Delta* de E.M. Jellinek. Estos adictos parecen quedarse en una etapa determinada y casi no muestran ninguna dificultad evidente a menos que los fuercen a dejar de consumir. Es entonces cuando viven la abstinencia y la compulsión como si hubieran pasado por toda la evolución de la adicción. Para los adictos en recuperación, son los efectos emocionales, fisiológicos y psicológicos los que deben atenderse durante la recuperación. Algunos de estos efectos se perciben como temas que ya existían antes del proceso de adicción y que surgen durante la recuperación.

Temas fundamentales en la adicción y la recuperación

A medida que los adictos pasan de la adicción a la recuperación, hay temas fundamentales que constituyen el fondo de su campo. Estos temas a menudo existen antes de que empiecen a consumir y con frecuencia tienen su origen en la familia o en patrones de contacto en etapas tempranas. Asimismo, estos temas pueden desarrollarse a lo largo de la evolución del consumo de las drogas —por ejemplo, los adictos se vuelven menos confiados después de años de consumir drogas—. Como se mencionó antes, pienso que estos temas son como raíces —procesos que funcionan a nivel oculto mientras el adicto consume drogas—, y que emergen de modo distinto en la recuperación, como estolones que se esparcen bajo el árbol y crecen para formar nuevos troncos. La forma que adquiere la recuperación del adicto, tal como un árbol, es producto de estas raíces y del cuidado y la atención que se dé a su crecimiento.

Confianza

La confianza es un tema fundamental para los adictos. Como decía Erik Erikson, la confianza en los demás, e inevitablemente en uno mismo, está basada en las experiencias de contacto en el desarrollo temprano con los padres y la familia. Como los niños pequeños están limitados en cuanto a su habilidad para autorregularse y autocuidarse, deben llegar a un tipo de contacto con las personas significativas en su vida. En este periodo, el infante debe vincularse y ser vinculado por otro para poder desarrollar un sentido de *self*. El infante está literalmente horizontal en el mundo y, desde esta posición de vulnerabilidad, desarrolla un modo de contacto básico con el mundo. Los infantes deben aprender a confiar y vincularse con los demás (al relajar su cuerpo y aceptar apoyo del ambiente) o vincularse principalmente con ellos mismos (al restringir y volcar su necesidad y su foco hacia adentro).

Esta experiencia se vuelve un metapatrón para la persona en desarrollo a medida que llega a la adolescencia y la adultez. Cuando las experiencias de contacto de la niñez han sido en su mayoría positivas, la persona aprende a confiar (estar abierto) en la novedad y la espontaneidad. Pero si uno ha aprendido a desconfiar de los demás y a depender exclusivamente del autoapoyo, entonces hay muy poca tolerancia para las experiencias nuevas, espontáneas. La persona puede estar demasiado autodeterminada y, de hecho, evitar la experiencia de confiar en los demás.

Una solución al conflicto de confianza del adicto es consumir drogas. Esto ayuda a diluir la frontera yo-otro, disminuye darse cuenta del ambiente y mantiene únicamente un darse cuenta mínimo dentro del *self*. Una resolución común en la recuperación es volverse extremadamente autodeterminado, al tratar de lidiar consigo mismo y con los demás.

Vergüenza

Los adictos a menudo experimentan una sensación de vergüenza en sus interacciones. Este sentimiento puede existir en los adictos años antes de consumir drogas y permea su experiencia de aproximarse a la frontera con los demás. De acuerdo con Bob Lee, vergüenza "es la experiencia de que lo que soy no es aceptable, que este no es mi mundo". A partir de la creencia de que "lo que soy" no será apoyado o validado por el ambiente, los adictos desconocen aspectos del *self*; pueden negarse a intentar, contenerse, conformarse con menos y, por lo general, hacerse menos.

Creo que la experiencia de vergüenza se desarrolla más tarde en la vida, cuando es posible actuar con base en las propias necesidades. La vergüenza se basa en una separación entre el *self* y otro; cuando el otro no sabe de nuestra necesidad, debemos pedir o tomar. La vergüenza de actuar en formas no apoyadas por los demás nos deja frustrados. El consumo de drogas permite que los adictos desconozcan aún más aquello que consideran una necesidad o deseo vergonzoso (parte del *self*), porque los ayuda a no sentir el *self* con claridad.

En la recuperación, los adictos están menos desensibilizados, por lo tanto, son capaces de sentir sus necesidades. La experiencia de la vergüenza se presenta con mayor frecuencia a medida que el adicto en recuperación cobra mayor presencia. Pero el adicto puede también haber internalizado la vergüenza que antes le provocaron otros, y es posible que ahora se haga a sí mismo lo que otros han hecho. Al avergonzar al *self*, un adicto puede evitar la experiencia potencial de sentirse avergonzado por otros. Este suele ser un tema en terapia con adictos de largo plazo que se han criticado o avergonzado a sí mismos con el fin de inhibir conductas adictivas.

Por otra parte, los adictos suelen sentir más y mayor vergüenza por su conducta al estar intoxicados. Esta sensación es más que remordimiento; es una profunda autorrepulsión, un volcarse hacia adentro lejos de los otros. Cuanta más vergüenza siente un adicto por el consumo de la droga, más atractivo se vuelve el efecto desensibilizador de la droga. El problema se vuelve la solución. Otros (incluido el terapeuta) pueden tomar el lado de la vergüenza del cliente y avergonzarlo y criticarlo más, a veces con la intención de confrontarlo o de derrumbar su negación. Algunos reaccionan ante la conducta del adicto de manera crítica, y demuestran incomodidad o repulsión. Es difícil no tener esas reacciones cuando un adicto pierde la consciencia en la fiesta de cumpleaños de su hija de 3 años, o cuando se aferra a una botella de vino mientras se sienta en la acera de una calle de la ciudad con la ropa sucia empapada de orina. Los adictos que han sentido vergüenza durante años toman esta respuesta del ambiente como confirmación de su maldad intrínseca y como razón para seguir evadiendo el mundo.

A medida que el adicto llega a la recuperación, la sensación de vergüenza puede permear sus interacciones sociales. En terapia, este proceso puede notarse cuando el cliente oculta sus sentimientos y experiencias por miedo a ser "juzgado... analizado... incomprendido". Nuestra tarea como terapeutas suele ser ayudarlos a articular y definir estos sentimientos tal como se presentan.

Confianza en sí mismo

La sensación de confianza en sí mismo o capacidad se desarrolla después de la confianza y la vergüenza, pero se basa en esas dos estructuras fundamentales. La capacidad de llevar a cabo acciones y lograr metas requiere un campo interpersonal que resulte apoyador y validador. Cuando los individuos no confían en su ambiente, tienden a evitar el ensayo de nuevas conductas; esto los deja sin la seguridad de que son capaces de hacerlo, o seguros, de una forma arrogante, de que pueden hacer cualquier cosa. A cualquiera que haya trabajado con adictos, esta polaridad le sonará muy conocida. Sentir vergüenza o evitar la vergüenza puede llevar a una falta de acción creativa. Sin actuar o experimentar, no podemos aprender nada nuevo ni sentir confianza en nosotros mismos de que somos capaces de aprender. Este efecto es circular: carecemos de confianza en nosotros mismos para actuar y, sin actuar, no podemos desarrollar un sentido de confianza en nosotros mismos como base para la acción.

El alcohol y otras drogas pueden aportar cierta confianza en uno mismo. Un cliente mío se refería al bourbon como "valor artificial" —un trago y sentía que podía hacer cualquier cosa—. Una vez tomado, era el más listo, el más guapo, el más simpático de la fiesta. El problema era cuando no estaba tomado y regresaban los acechantes sentimientos de vergüenza e incompetencia. Los adictos suelen parecer muy seguros, al grado de llegar a la bravura; esta suele ser una compensación, una conducta "como si" adoptada para ocultar la falta de confianza en sí mismos.

En la adicción activa, muchos detalles de la vida cotidiana se desatienden o se cumplen solo de forma mínima. El adicto a menudo empieza la recuperación con poca experiencia en el cumplimiento de las tareas, y quizá también con la sensación que uno de los adictos a quien traté describía como "tratar de o disponerme a hacer cosas pero nunca terminar. Empecé a preguntarme si era capaz de hacerlo".

La tarea terapéutica con los adictos en recuperación suele consistir en ayudarlos a reexperimentar su capacidad de interactuar y terminar con lo que se empieza. Este es uno de los cambios que se presentan cuando el adicto pasa de la sensación-acción disminuida del estilo adictivo a un ciclo más completo de sensación, darse cuenta, movilización, contacto, asimilación y retirada.

Aburrimiento

Al experimentar el *self* e interactuar con otros, se acumula naturalmente cierta cantidad de excitación que llega al tope: este es el proceso descrito en el capítulo 1. Esta excitación en desarrollo se produce en una onda, con una mínima excitación al inicio de la experiencia, excitación que va en aumento a medida que uno se acerca al encuentro, y excitación en descenso a medida que uno se retira de la experiencia. Los adictos tienen dificultad para tolerar ya sea la baja cantidad de excitación al final del proceso o la intensidad tanto al inicio como a la mitad. Lo primero suele vivirse como aburrimiento y lo segundo es percibido como intolerable, ambos motivos para consumir drogas.

Un ejemplo es Carlton, un alcohólico de 75 años que empezó a tomar al retirarse. Se enfrentó con el potencial aburrimiento de una vida menos activa y empezó a tomar cocteles mientras jugaba golf con sus amigos. Carlton pronto pasó a beber todos los días, cuando descubrió que beber era entretenido. Sus patrones de consumo se presentaron en un periodo tardío de su vida, cuando quería evitar sufrir la falta de estimulación que temía por el retiro. El tema de encontrar sentido y realización cuando no se trabaja, se volvió el fondo o contexto de su alcoholismo.

El aburrimiento es una intolerancia a los niveles bajos de estimulación, o para la energía Yin de cierre y precontacto. Esta intolerancia se presenta en ciertos niños y a menudo en los adolescentes. "Si no es rápido, sorprendente o distinto", decía un adolescente a quien traté, "entonces, ¿de qué sirve?". Estar aburrido se basa en la expectativa de que el ambiente debe estimularnos o entretenernos. El alcohol y muchos tipos de drogas pueden ofrecer el entretenimiento y la estimulación que algunos individuos no conocen o no esperan desarrollar en sí mismos. Es la arrogancia máxima, la expectativa de que el mundo u otro deben "hacerme… hacer que me sienta distinto".

Estos temas constituyen la base de la experiencia de vida del adicto, tanto al consumir como durante la recuperación. Son lo que Wheeler llama *estructuras del fondo*, sentimientos y creencias que moldean la experiencia de los eventos en el individuo. Pueden estar tan incorporados al campo del adicto, que estos no pueden articularlos; ocurre que la persona no tiene palabras para estos temas fundamentales, por lo que es tarea del terapeuta ayudar al cliente a experimentar, articular y trabajar en estos temas.

Los capítulos siguientes presentan numerosos ejemplos de estos temas en la vida de los adictos en recuperación, así como ejemplos de cómo trabajarlos en terapia. El uso activo de las drogas es una forma en la que el adicto modula estas experiencias. El enfoque que describo proporciona una alternativa al patrón del adicto de evadir o simplemente tolerar estas experiencias. Las raíces de la recuperación constituyen un nuevo patrón para lidiar con estas experiencias.

Capítulo 3. El reto de los adictos en recuperación como sujetos de tratamiento

La terapia con adictos en recuperación es muy distinta de la intervención con personas que consumen activamente. A medida que los adictos evolucionan y cambian durante la recuperación, sus campos interpersonales se vuelven más complejos y variados. A menudo, los adictos en recuperación se han enfocado de manera consistente en no consumir drogas, pero están atorados en algún otro proceso. Nos encontramos con adictos en recuperación que han repetido de manera crónica viejos patrones, con quienes es difícil trabajar por numerosas razones, y que ven la terapia como una amenaza o competencia con sus otros sistemas de apoyo como Alcohólicos Anónimos y Narcóticos Anónimos.

Cuanto más largo sea el periodo de recuperación de un adicto, mayor será la necesidad de enfocarse en la terapia, en los problemas de integración social y en cuestiones de sentido existencial. Otros temas frecuentes que surgen en terapia con adictos en recuperación son los trastornos de personalidad, recaídas y asuntos inconclusos debido a la adicción o recuperación inicial. En este capítulo proporciono ejemplos de algunos de esos casos. Todos son clientes que han alcanzado el punto de "después de la sobriedad" y que han trabajado en terapia conmigo o con otros profesionales clínicos. Los presento como ejemplos de los tipos de personas con quienes muchos de nosotros batallamos, y que podemos considerar casos fallidos o difíciles.

El tratamiento a una persona pasiva

Estos primeros dos casos son ejemplos de adictos confluentes: personas que no definen sus necesidades o no asumen responsabilidad por el proceso de terapia. El primer caso, la mayor parte del tiempo sigue con el proceso de terapia, pero no progresa. El segundo es confluente en el sentido de que coopera con alguna dirección externa y no define lo que quiere o quién es en relación con el terapeuta. En ambas situaciones, el terapeuta corre el riesgo de trabajar sobre un cliente aparentemente pasivo.

Edward

Edward llegó a terapia referido por su amante, una adicta en recuperación. Él había estado en abstinencia durante más de 20 años sin acudir a AA o a algún grupo de apoyo. De hecho, Edward nunca había ido a terapia desde que dejó de consumir. A pesar de no haber estado involucrado en un programa de 12 pasos, Edward había cambiado su estilo de vida y estaba muy involucrado en la comunidad. Se había casado dos veces y divorciado a los pocos años. Aunque en general parecía amigable y bueno, Edward tenía mal genio y a menudo experimentaba un síntoma físico de fuerte dolor en el cuello.

Mi experiencia en el trabajo con Edward era como caminar sobre melaza. Cooperaba, pero no llegábamos a ningún lado. Cada vez que alguno de nosotros experimentaba algún sentido de cierre en temas importantes, como enojo o soledad, regresaba al viejo patrón de conducta. Yo le sugería que intentara probar las reuniones de los 12 pasos como apoyo, pero se negaba. Me escuchaba y cooperaba, pero no hacía cambios significativos. Le sugería que me dijera lo que no le gustaba de la terapia o qué le sería útil. Me contestaba que mi idea era útil.

Edward se volvió a casar y él y su nueva esposa empezaron terapia de pareja conmigo al poco tiempo. Él estaba celoso y enojado con frecuencia, a pesar de que ella se veía comprometida con él. La terapia de pareja fue exitosa en cuanto a que sus peleas disminuyeron y que él mostró mayor confianza. Al poco tiempo, él terminó la terapia "por problemas económicos". Les pedí venir a una sesión de cierre y, por supuesto, vinieron.

Volví a saber de Edward más adelante. Me escribió una larga carta, diciéndome que estaba consumiendo drogas después de 25 años, que estaba siendo atendido por un psiquiatra y que estaba en proceso de otro divorcio. Quería regresar a terapia y acudió a dos sesiones, cancelando la tercera sin explicación. Edward no era un cliente difícil en la sesión, pero su falta de cambio sustancial y su infelicidad continua lo hacían un ejemplo típico de un adicto que se queda estancado en viejos patrones de abstinencia.

Allen

Allen había estado en recuperación durante 15 años cuando empezó a sentirse "perdido". Hablaba de esto en múltiples ocasiones en las juntas de AA, recibía retroalimentación y sugerencias de otros miembros, pero nada parecía dejarlo satisfecho. Una de las sugerencias fue que empezara terapia.

Allen acudió a terapia diciendo, "mi padrino me dijo que viniera, y sigo sus indicaciones". Aunque Allen estaba en un profundo dolor y tenía preguntas sobre las direcciones de su vida, seguía enfocado en la terapia como tarea a cumplir porque "es buena para mí". El terapeuta probó enfoques para sacarlo de ahí, pero Allen continuó con el patrón de seguir indicaciones. Se vieron en varias sesiones, hasta que Allen concluyó porque "no estaba obteniendo nada de esto". A pesar de los esfuerzos del terapeuta por hacerle asumir alguna responsabilidad por el proceso, Allen continuó viendo la terapia como algo a lo que se presentaba; algo que se le había prescrito como bueno para él.

Yo veía en consulta a la terapeuta de Allen cada semana. Ella y yo discutíamos sobre el progreso de Allen y su creciente frustración. Era como si Allen estuviera esperando que ella le hiciera algo mientras él solo se presentaba. Ella decidió regresar con Allen y compartir esta interpretación con él. Cuando lo hizo, Allen la escuchó y dijo, "bueno, si eso es todo lo que tienes que decir… entonces no creo que puedas ayudarme". Allen se fue enojado y no regresó más.

Al trabajar con estas personas, ambos terapeutas estaban intentando *tratarlas*. Esta relación pasiva, en la cual la persona se presenta para ser trabajada, es muy común entre adictos en recuperación. El modelo a partir del cual el adicto suele operar es el del alumno dirigiéndose a un mentor. Edward y Allen se mantenían en un patrón indiferenciado como manera de lidiar con su adicción y sus fuertes emociones. Solo cuando los adictos como ellos pueden arriesgarse a mostrar diferencias con el terapeuta y arriesgarse a experimentar sus propias emociones, puede ocurrir un cambio. De igual forma, solo que el terapeuta esté dispuesto a salir del rol del experto o del mentor es cuando puede ocurrir un cambio terapéutico.

¿Qué sentido tiene?

Las siguientes dos historias son ejemplos de adictos que llegan a un punto en la recuperación en el que se preguntan si tiene sentido su vida o su relación. Estas personas a menudo son referidas a algún tipo de evaluación psiquiátrica.

Aunque podría ser necesario hacerlo, lo que estos ejemplos muestran es el efecto de un tipo de evolución congelada en la recuperación y la consecuente sensación de desesperanza.

Ellen

Ellen llegó a terapia debido a la forma en que se sentía tras 16 años de rehabilitación en AA. En la primera etapa de la recuperación se sentía emocionada por los cambios que experimentaba; era como "pasar de la televisión en blanco y negro a una gran pantalla a color". A lo largo de los años, sin embargo, se sentía cada vez más aburrida y sin emoción ante la rutina semanal de asistir a las reuniones. Me dijo que se sentía como si se estuviera dejando llevar por la inercia de la vida. El médico de la familia le había recetado a Ellen un antidepresivo. Mi sensación con respecto a Ellen era que había dejado de cultivar sus intereses, se había acostumbrado a llevar una vida de mantenimiento: el foco de su existencia se había vuelto únicamente permanecer sobria.

La experiencia de Ellen en terapia era extensa. Había consultado a muchos terapeutas, cada uno con distinto enfoque; sin embargo, no se quedaba con ningún terapeuta durante más de unas cuantas sesiones. Tampoco mostraba gran mejoría con los antidepresivos. Yo creo que esto se debía a que Ellen no estaba realmente deprimida, sino solo congelada en el proceso de recuperación. Nunca había desarrollado un sentido de vida más allá de la abstinencia. Estaba amargada, era sarcástica e infeliz. Todo lo que le faltaba era la bebida, pero Ellen no bebía; sigue en abstinencia hasta la fecha y continúa probando terapeutas. Claramente está en busca de algo, pero sin tener la certeza de qué es ese "algo", y la terapia sigue pareciéndole un ejercicio inútil.

Cuando traté de sugerirle a Ellen que probablemente requeriría prestar atención a los asuntos inconclusos en terapia, no le pareció. Quería que yo se "lo arreglara". Le expresé que ya se le habían dado muchas alternativas, tanto de terapeutas como de medicinas. Pensé que si ella quería hacer algo más que dejarse llevar por la inercia de la vida, *ella* tendría que hacer cambios —no cambiar de terapeuta—. Ellen decidió que este era el mismo consejo "inútil" que le habían dado los anteriores terapeutas y su padrino de AA y terminó la terapia conmigo bajo esta premisa. Yo había decidido ser directo con Ellen en vez de ofrecerle una promesa de cura más.

Mary y Steve

Habían estado casados 10 años. Se conocieron en un programa de 12 pasos, acudieron a reuniones juntos durante dos años antes de empezar a salir. Cuando me llamaron para pedir una cita, Mary y Steve habían estado sobrios durante casi 15 años. Mi sensación inicial era que se trataba de personas amigables, un poco desconectadas de sus sentimientos. A medida que los veía interactuar, me parecía claro que se comunicaban compartiendo una especie de referencia al lenguaje de los 12 pasos. Cuando les pregunté por qué habían llegado a terapia, Mary dijo que ya no sabían cómo hablarse uno al otro. Steve sentía que no quedaba nada en su matrimonio. Como pareja estaban en una fase que es común tras siete a 10 años de matrimonio: habían llegado a sentirse distanciados y desconectados del vínculo inicial que suele haber al principio del matrimonio.

Les pregunté a Mary y a Steve qué tenían en común. Además de los hijos, sentían que tenían poco en común, excepto el "programa". Les pedí que platicaran entre ellos para darme una idea de cómo interactuaban. Al escucharlos y verlos, me llegó la misma sensación de monotonía de la que se quejaban. Sus interacciones estaban viciadas y normalmente consistían en que uno de ellos compartía sus pensamientos: "Me pregunto qué sentido tiene… es cuestión de establecer prioridades… Sé que cuando me enojo contigo la que habla es mi enfermedad". A menudo estas declaraciones estaban acompañadas de autoanálisis y jerga de los 12 pasos. La impresión que me daban era de dos personas sentadas una al lado de la otra en una habitación, cada una arreglándoselas, analizando sus propios pensamientos, envolviendo experiencia personal en burbujas de pensamiento. Había poca espontaneidad en su conversación y en su forma de ser con el otro.

Mary y Steve se hablaban como si estuvieran en una junta de discusión de los 12 pasos. De hecho, esa era la forma en la que se habían conectado siempre, pero ahora les aportaba poca riqueza a su relación. En las sesiones siguientes, ambos revelaron que habían buscado emoción fuera del matrimonio. Ninguno de estos amoríos había sido importante, sino simples intentos de sentirse bien y vivo. Era difícil trabajar con esta pareja porque tenía que enseñarles cómo hablarse uno *al* otro en lenguaje emocional, más que hablar sobre sí mismos.

Lo que hizo que este trabajo fuera particularmente difícil era que Mary y Steve tenían muy arraigada su identidad como adictos, lo que les impedía verse como una pareja. Otra dificultad eran todos los sentimientos reprimidos que surgían cuando empezaban a expresarse, ya que habían creado un patrón de interacción que les impedía experimentar dichos sentimientos. El proceso de aprender a articular las emociones llevó meses, pues expresaban y lidiaban con años de soledad, dolor y enojo.

Mary y Steve son como muchos adictos que llevan años en recuperación, personas que se han vuelto expertas en poner atención a sus propios límites y que por lo tanto obstaculizan el desarrollo y enriquecimiento de sus relaciones. El reto para mí como terapeuta era ayudarlos a desarrollar un límite común que les permitiera expresar sus sentimientos y unirlos.

¿Soy de verdad un adicto?

Uno de los principales retos que enfrentamos es el de los adictos que vuelven a consumir droga tras un periodo de abstinencia. Podríamos diagnosticar a estos clientes y decir que recayeron, pero ¿qué sucede si esta persona cree que ya no es un adicto o alcohólico? Este es un ejemplo de alguien que llega a terapia tras un periodo de abstinencia.

El resbalón de Debbie

Durante sus ocho años en recuperación, Debbie desarrolló una excelente reputación profesional como abogada. Su práctica iba en auge, conducía un Jaguar y salía con muchos hombres atractivos. A menudo se preguntaba por qué seguía sintiéndose como si estuviera enferma y como si fuera distinta de las personas normales. En los primeros años de sobriedad, Debbie recordó el dolor y el miedo de su adicción a la cocaína, pero después de cinco años de acudir a las reuniones, empezó a disminuir su asistencia a Narcóticos Anónimos a una vez a la semana. Cuando llegó a terapia, ya solo iba una vez al mes, "por cuestiones sociales". El terapeuta con el que trabajaba Debbie estaba impresionado por lo bien que estaba ella en la recuperación.

La mayor parte del trabajo que hicieron en terapia se enfocaba en ayudar a Debbie a darse cuenta de su potencial. El énfasis principal de este trabajo era la propia Debbie, prestando poca atención a cómo interactuaba con los demás, incluido el terapeuta. Empezó a meditar diariamente y a asistir a talleres centrados en contactar "tu guía interna". Cuando el terapeuta le sugirió unirse a un grupo de terapia, ella respondió que lo "intentaría" si su agenda se lo permitía. Después de unas cuantas sesiones más, Debbie terminó la terapia, agradeciendo al terapeuta por haberla ayudado tanto en su crecimiento.

Tres meses más tarde, Debbie me pidió una cita. Llegó a la sesión bien vestida y aparentemente tranquila. Lo primero que dijo es que solía pensar que era una adicta, pero que recientemente había empezado a "beber una copa de vino" en la cena. Cuando le pregunté por qué, Debbie dijo que estaba cansada de ver a otras personas divertirse y de sentirse como si "no fuera normal".

El reto al trabajar con Debbie era la cuestión de si ella era realmente una adicta. Su declaración de que ella "solía pensar que era una adicta" iba en contra de lo que muchos terapeutas creen: que los adictos no pueden aprender nunca a tomar o consumir de nuevo. Sin embargo, el lugar de trabajo del terapeuta debe ser la experiencia del cliente.

Aunque yo creía que Debbie probablemente era una adicta y que no sería capaz de beber sin regresar al ciclo de la adicción, necesitaba partir de su deseo de verse como alguien normal y no como una adicta. Este puede ser a menudo el reto al trabajar con adictos que recaen. Es probable que no sean adictos, aunque alguna vez hayan creído que lo eran. La otra opción es que esta persona sea un adicto y esté racionalizando el regreso a las drogas.

En el caso de Debbie, era una adicta. El trabajo que hice con ella fue doble. Trabajé con ella en terapia para explorar su deseo de ser normal y la sensación de ser distinta y, en segundo lugar, para abordar su creencia de que ella podía beber; sugerí que tratara de tomar y viera qué pasaba. Ella lo hizo durante dos meses. Al final de este tiempo llegó a una sesión diciéndome que la habían arrestado por conducir en estado de ebriedad. Le pregunté qué pensaba de esto. Debie dijo: "No puedo controlar el alcohol tampoco". Nos pasamos varias sesiones trabajando con su enojo por no poder beber, y explorando su definición de normal.

El enfoque que adopté con Debbie fue muy distinto del que hubiera adoptado cuando empecé a trabajar como terapeuta. En ese tiempo la hubiera confrontado con la negación de su adicción y posiblemente hubiera logrado que estuviera de acuerdo o que terminara la terapia. Esta vez yo sabía que no podía controlar su conducta y creía que si ella hacía algo de investigación sobre su consumo de drogas se daría cuenta por sí misma si era o no una adicta.

El tema de los medicamentos

Peter hizo una cita de emergencia con una de mis colegas. Después de 11 años de sobriedad, estaba claramente desolado. Al hablar con él, sonaba despersonalizado y asustado. Peter acudió a sesión a la mañana siguiente, acompañado por su hijo adolescente. El terapeuta diagnosticó rápidamente que Peter sufría una especie de brote psicótico. Había estado pensando en tomar "para calmarme a mí mismo" pero sabía que esa no era la respuesta.

La terapeuta de Peter le recomendó una evaluación psiquiátrica inmediata. Cuando lo sugirió, Peter se angustió más. "No puedo volver a los fármacos o regresará mi adicción... Si fuera a hacerlo, no estaría aquí contigo". La terapeuta estaba en un dilema. Sabía que la terapia por sí misma no ayudaría a Peter en este episodio inmediato, pero él veía el uso de fármacos como una violación a su sobriedad. En la recuperación, Peter se había negado a cruzar este límite con cualquier droga que cambiara el humor; nunca había tenido cirugías y se había negado a tomar medicamentos en una cirugía oral.

Muchos de los que trabajamos con adictos en recuperación nos hemos topado con este miedo a los medicamentos. Las respuestas fáciles son muy simplistas: la diferencia entre drogarse y tomar medicinas es que esta última la prescribe un médico y es necesaria, pero por el otro lado, una droga es una droga. Muchos de nosotros nos hemos enfrentado con esta encrucijada. Las respuestas más complejas se relacionan con las creencias de los adictos en recuperación sobre su propio límite con las drogas. Peter eventualmente aceptó hospitalizarse por un corto periodo en un lugar para personas en recuperación con diagnósticos secundarios o duales. Ahí se le brindó apoyo atendiendo tanto a su necesidad de mantener la abstinencia como a la de recibir tratamiento farmacológico. Tal elección suele ser muy difícil para este tipo de clientes, que a veces sienten que se están evadiendo al tomar medicamentos o incluso al probar la psicoterapia. Para el adicto en recuperación y para el terapeuta, esto puede hacer que surja la pregunta: ¿qué es la sobriedad? Yo creo que, como Peter, algunos adictos en recuperación requieren medicamentos para procesos psicológicos, pero también he visto a muchas personas abusar de los fármacos prescritos. Como profesionales, no somos responsables de este tipo de resultado, pero necesitamos atender la abstinencia del adicto en recuperación, así como sus otros procesos psicológicos.

Estos casos representan ejemplos de algunos de los retos que enfrentamos al trabajar con clientes en recuperación en terapia. Los temas de la participación activa del adicto en el proceso terapéutico, los procesos psicológicos adicionales y la pérdida de esperanza se presentan con frecuencia en mi práctica. Los patrones de contacto, tales como los que he descrito de Mary y Steve, son muy comunes. Preguntas con las que a menudo me enfrento al trabajar con estas personas son: ¿cómo entiendo el conflicto del adicto en términos de su propio crecimiento?, y ¿cuáles son las tareas necesarias para superar estos conflictos? En el próximo capítulo, presento las etapas y tareas de la recuperación que pueden servir como directrices en el trabajo con casos como estos.

Capítulo 4. Las etapas del desarrollo y las tareas de la recuperación

Este capítulo describe los procesos de recuperación a través del lente de la automodulación que se presentó en el capítulo 1. Las etapas están definidas por tareas específicas para los adictos, posibles intervenciones por parte de los terapeutas y ejemplos clínicos. Esto servirá de marco para algunos ejemplos de casos de recuperación a largo plazo y para hablar sobre la recuperación exitosa, así como de la recaída.

El adicto termina viviendo a través de experiencias de contacto abreviadas e intensas, así que podemos ver la recuperación como el proceso de regresar a ciclos de contacto más completos. A la larga, podemos ver el estilo de contacto de la recuperación de una adicción como el *restablecimiento progresivo de la función de contacto*. La persona ha estado modulando su conducta, y necesitará desarrollar o reaprender ciertas habilidades de contacto. En el desarrollo de un nuevo estilo de contacto, estas habilidades ayudarán a que el adicto evite consumir drogas de nuevo y a que pueda pasar a una relación más plena con el *self* y con los demás. Estas relaciones más plenas se producen cuando el individuo en recuperación desarrolla la capacidad de sostener su experiencia más allá de los habituales puntos de detención de la incomodidad.

Estas etapas son evolutivas más que temporales. Un adicto en recuperación que lleva 10 años no necesariamente está en la tercera etapa de la recuperación. Algunos pueden pasar 20 años en la etapa uno, simplemente ocupados en mantener su abstinencia. Otros pueden pasar a tareas propias de una etapa de recuperación más avanzada en cinco años. Pero como sucede con el desarrollo psicológico tradicional, algunos temas o conflictos y las tareas relacionadas con ellos, se vuelven más notorias a medida que los adictos han estado en recuperación durante 10, 15 y 20 años.

Obviamente, existen diferencias individuales en cuanto a duración e importancia de cada fase; los adictos tienen diferencias en cuanto al desarrollo de la personalidad y los contextos ambientales. Más aún, estas etapas no son progresivas, sino que pueden considerarse como puntos en una espiral por los que el adicto puede pasar varias veces.

En nuestro trabajo con los clientes en recuperación vemos personas que viven vidas restringidas o estrechas. La recuperación ofrece la posibilidad de expandirse fuera del *self*, hacia los demás, y más allá del *self* y los demás. Cada etapa se vuelve la base o el fundamento para la siguiente etapa. Por ejemplo, un adicto necesita desarrollar la habilidad de prestar atención al *self* con el fin de interactuar y prestar atención a los demás. O para ponerlo en términos de desarrollo de la personalidad, uno necesita *tener* un *self* para poder *ser* un *self* con otros. Otro ejemplo es la capacidad para el contacto interpersonal como base para interactuar en un nivel o sistema más amplio, incluso para un nivel transpersonal. Paradójicamente, el adicto no desarrolla un *self* en soledad, sino en relación con otros, un *self* que emerge de esa relación. El sistema más amplio sirve como límite para estas personas, ayudándoles a definir y dar contexto al *self* en recuperación. Por ejemplo, los adictos que no han aprendido a prestar atención al *self* y su propia frontera, tenderán a fusionarse en las interacciones interpersonales o se sentirán perdidos en grupos o sistemas.

Con base en estas consideraciones, he organizado las etapas de la recuperación de acuerdo con los temas del desarrollo y con las tareas relacionadas que apoyan la evolución en cada etapa. Para resumir las etapas:

Etapa	Foco	Tareas
Recuperación inicial (desarrollo de límites)	*Self*	Mantener la abstinencia Elaborar retroflexión Llevar las sensaciones a "darse cuenta"
Recuperación intermedia (grado de conexión y diferenciación)	*Self y otros*	Complementariedad Flexibilidad de límites y redefinición Competencia interpersonal Cooperación
Recuperación avanzada (*self* en expansión)	*Más allá del self y los otros*	Reflexión y contemplación Trascendencia

Etapa 1. Recuperación inicial: Desarrollo del *self* y frontera del *self*

La lucha del adicto en recuperación en la fase inicial se enfoca en aprender a "dejar fuera del límite" las drogas y el alcohol y a volverse cada vez más sensible al *self*. Debido a este enfoque, muchas de nuestras intervenciones terapéuticas estarán orientadas a los adictos en sí mismos, en darse cuenta de sí, en cómo piensan o dialogan internamente, en cómo adquieren autoinhibiciones (retroflexiones). Esta etapa es transicional; si se vuelve permanente, la persona continúa en una especie de narcisismo en el que el *self es* el mundo y los demás no son importantes.

Las intervenciones que describo se basan en el modelo de la adicción de automodulación y en el proceso de recuperación de pasar del ciclo de la adicción a un ciclo de experiencia más pleno. Las primeras dos tareas se enfocan en hacer ese cambio con las drogas y el alcohol. El resto de las tareas llevan este proceso de contacto más pleno más allá del *self* y más allá de la sobriedad.

Tarea: La abstinencia como autorregulación

La *autorregulación organísmica* es uno de los conceptos útiles en la terapia Gestalt. Cada persona es vista como un organismo que regula lo que entra y administra sus límites y su energía como autoconservación. A veces, el adicto no puede autorregularse cuando está intoxicado, ni puede regular la droga o el alcohol como lo hace un bebedor normal. Esta es la esencia de la adicción. Como muchos de nosotros hemos experimentado en nuestro trabajo con los clientes en la recuperación inicial, no resulta útil exhortar al adicto a que use la fuerza de voluntad, porque la voluntad de cualquiera tiene limitaciones, incluyendo aquellas inducidas químicamente. Tampoco tiene sentido que los adictos investiguen sus motivos para consumir mientras están intoxicados. Las razones o funciones que el consumo de droga satisface son temas a ser explorados una vez que el cliente está en abstinencia.

Para llegar a la abstinencia, al principio el adicto puede tener que ingresar a un ambiente libre de drogas, como una unidad de desintoxicación o un centro de rehabilitación. El viejo adagio, "no puedes emborracharte sin una bebida" es una máxima útil en esta fase de delimitación. La persona necesita retirarse del ciclo de la adicción (véase figura 2) antes de ser capaz de empezar un nuevo ciclo.

La retirada de las drogas suele ser una experiencia emocional y físicamente dolorosa, y es este dolor y malestar lo que el adicto necesita integrar. Muchos de los sentimientos y sensaciones que la persona ha evitado a través de la intoxicación crónica ahora se precipitan en un torrente. El adicto a menudo se siente desesperado, y el deseo de consumir drogas para desensibilizarse del dolor se vuelve intenso.

La primera tarea de la recuperación es que el adicto se autorregule al tiempo que continúa con la abstinencia y mantiene las drogas fuera del cuerpo. Aunque esta parece una cuestión de sentido común, muchos terapeutas siguen tratando de enseñar a los alcohólicos a beber de manera controlada. No he tenido ninguna experiencia clínica o personal en la que los alcohólicos o adictos aprendan a controlar su consumo.

He trabajado con algunas personas que abusaron de las drogas y del alcohol en algún momento de su vida y después vuelven a consumir drogas de manera controlada y sin problemas, pero creo que esos individuos no eran adictos. En mi opinión, beber de manera controlada sí podría ser posible, pero si realmente queremos estudiar esto, debemos dar seguimiento a las personas durante años, no solo durante unas semanas o en un ambiente de laboratorio.

Es la paradoja de la recuperación: el adicto reconoce sus limitaciones al no poder controlar el alcohol y las drogas y, sin embargo, retoma el control de su vida; haber sentido que la voluntad personal no tiene sentido cuando se bebe y, sin embargo, tener que ejercer la voluntad para no tomar. Esta tarea consiste en un proceso de adquirir algo de control mientras se intenta no controlar. Al reconocer la impotencia, el adicto se empodera. La única norma para esto es no utilizar la droga. De alguna manera, el adicto debe aprender a confiar en algo más que el deseo de beber o consumir. Se trata de un nivel inicial de la tarea posterior de trascender el *self*.

Por ejemplo, Tim fue tratado de forma regular durante tres meses antes de decirme que tenía un problema con la bebida. Cuando dijo que estaba preocupado por no ser capaz de dejar de beber, le sugerí que intentara moderar su bebida por unos cuantos días. Regresó a la semana siguiente y me dijo que no había sido capaz de hacerlo ni un día. Sintió que debía ser capaz de manejar su forma de beber, pero terminó borracho cinco de los siete días entre nuestras sesiones. Ya no quería tomar.

Le sugerí a Tim que quizá necesitaba apoyo externo para lograr esta meta, un ambiente de contención en el cual el alcohol no estuviera fácilmente disponible, una especie de "límite externo". Después de acudir a algunas reuniones de AA, esta se volvió la metáfora de Tim para la abstinencia: algo más allá de sí mismo, como un perímetro o una cerca extra. El perímetro que había creado era asistir a las reuniones, vivir con su hermano (que no tomaba) y seguir con las sesiones de terapia. En todos estos contextos, seguía hablando acerca de su deseo de consumir, pero no lo había hecho. Mientras escribo, Tim lleva tres años de abstinencia.

Mi más importante intervención con Tim en este punto fue la de ayudarlo a ver su compulsión como resultado de la habituación, y como potencial inicio de un nuevo ciclo de consumo. Él necesitaba apoyo externo para seguir en la lucha por la abstinencia, para ayudarlo a inhibir su deseo de consumir de nuevo. El apoyo externo y la educación sobre la adicción como proceso pueden ayudar a interrumpir el inicio del ciclo.

El trabajo terapéutico aquí consiste en mantener el foco en la abstinencia del adicto, en entender su compulsión como parte del —y como evitación del— proceso de abstinencia. Mi forma de trabajar con la preocupación inicial de Tim con respecto a su forma de beber consistió en dejarlo tratar de beber con moderación. Mi intención era que reuniera más información, dejarlo probar por sí mismo si podía moderar su forma de beber, más que decirle que era un alcohólico. He descubierto que lo último puede ser útil, pero la mayoría de los adictos, como Tim, necesita experimentar con el control de su forma de beber para poder determinar por sí mismos que no pueden.

Tarea: Aprender retroflexión

La segunda habilidad que necesitan desarrollar o readquirir los adictos es la capacidad de inhibir su compulsión por la droga. La *retroflexión*, tal como la definieron Perls, Hefferline y Goodman, es volver hacia sí mismo aquello que estaba dirigido a algo fuera del *self*. El adicto normalmente ha buscado la droga o la bebida. Retroflectar, para él, es el proceso de retirar el brazo, o de detener cualquier acción que lleve al uso de las drogas o el alcohol. Es un movimiento en contra o inhibición, y puede incluir una consideración (darse cuenta) de lo que el consumo de drogas significaría.

En principio, entonces, la retroflexión es una inhibición consciente de un patrón acostumbrado, uno que permitirá a los adictos experimentarse a sí mismos de manera más plena y, sobre todo, experimentar los sentimientos que han desensibilizado tras años de consumir droga. También hará que desarrollen un fondo más rico e intereses fuera de la droga.

Para los adictos, aprender a inhibir el deseo de beber, así como otros impulsos, no solo es crucial para la recuperación, sino que representa un cambio fundamental en su forma de interactuar. La retroflexión claramente interrumpe el patrón expuesto antes, en el cual el adicto pasa de la sensación a la acción. Inhibir el patrón sensación-acción evita que el adicto se drogue y también que surjan sensaciones más plenas que puedan ser experimentadas e identificadas, para que el individuo desarrolle una gama más amplia de sentimientos y sensaciones.

Otra retroflexión que los adictos necesitan aprender es *el diálogo interno*, o "pensar antes de beber". Esto implica analizar detenidamente el deseo de la droga y recordar las consecuencias eventuales e inevitables que han ocurrido antes. En la recuperación inicial, el adicto no suele ser muy hábil en esta forma de pensar y la figura de la droga sigue en primer plano. Hablar con alguien más (a menudo otro cliente en recuperación) antes de consumir una droga o bebida, puede ser una forma de desarrollar pensamientos alternos e incluso figuras alternas (tales como hambre, fatiga, soledad).

El terapeuta puede interactuar con el adicto en este patrón y llevarlo a discutir con su urgencia por consumir drogas; mi experiencia es que cuanto más apoyo tiene un adicto para sondear un antojo, es menos probable que ese adicto llegue a consumir.

Este diálogo con otros puede ayudar a la persona en dos formas. Primero, los adictos pueden internalizar lo dicho por los otros y usarlo en otros momentos, y pueden iniciar el diálogo interno de esa misma manera, para crear una inhibición. Segundo, se trata de un proceso interpersonal que implica que el adicto pase del nivel intrapersonal del sistema (exclusivamente con el *self*) a la colaboración con los demás. Este contacto sirve de apoyo para que el adicto se quede con la molestia de una experiencia inmediata y la trabaje con otra persona.

Otra intervención que puede ser útil es que el terapeuta ayude al adicto a pensar en las consecuencias del consumo de drogas. Es una conducta *en extremo normal* que el adicto piense en consumir. Las consecuencias reales y los sentimientos derivados del consumo de drogas es en lo que el adicto no suele pensar, por eso necesita ser llevado al campo de darse cuenta de la adicción. Suele ser necesario, al principio, que el terapeuta conduzca este darse cuenta. Es muy útil que el terapeuta le pregunte: "¿qué pasaría si tomaras?".

Recuerdo haber trabajado con Tom, un consumidor de heroína por vía intravenosa, que había permanecido libre de drogas seis meses y pensaba en una "buena última drogada". Sus brazos le daban comezón, listos para una dosis. A pesar de sentirse mucho "mejor de lo que había estado en años", Tom quería inyectarse heroína e incluso había llegado a encontrar dónde comprarla. Le sugerí que me llevara por la experiencia completa *después* del consumo. Él lo narró con detalle mientras yo lo animaba continuamente diciéndol: "¿y qué pasó después?", hasta que llegó a su arresto imaginario y su darse cuenta de que acababa de compartir una jeringa con un adicto infectado de VIH. Su cara se tornó cenicienta y su cuerpo entero se acomodó en la silla mientras decía, "¡yo creí que ya había superado esto!".

Este proceso tenía como objetivo llevar a Tom a través de su acción en forma de fantasía, mientras enfatizaba la experiencia total como técnica de retroflexión. En repetidas ocasiones usó este autodarse cuenta en los meses que siguieron a esta sesión, y dijo que al hacer este seguimiento sin actuar, era capaz de recordar muchos de los eventos más dolorosos y atemorizantes de su adicción activa. Una pieza fundamental de este experimento era enfatizar la experiencia de Tom *después* del consumo, la otra mitad del ciclo de contacto. Cuando los adictos sienten ansia por la droga, piensan únicamente en su molestia del momento y en la prisa por esa intoxicación inicial.

Tarea: Conducir las sensaciones para darse cuenta

La retroflexión es una habilidad que permite que los adictos en la recuperación inicial inhiban el deseo de consumir y, en la recuperación avanzada, que trasciendan su patrón impulsivo de actuar sin conciencia. Les permite ocuparse de la pregunta: "¿a qué obedece esta acción?".

El siguiente paso en el proceso de recuperación consiste en que los adictos permitan que las sensaciones que habían evitado de forma habitual se conviertan en sentimientos claros que puedan experimentar, articular y entender. El cultivo de sentimientos abre paso a un mundo más rico para el adicto en recuperación, pero que no necesariamente representa una ventaja inmediata. Irónicamente, la razón por la cual el adicto empezó a consumir drogas o se mantuvo en un patrón de consumo de droga con la consecuente desensibilización, era *evitar* experimentar ciertos sentimientos, *evitar* ser completamente consciente del *self* y los otros.

Para desarrollar las sensaciones de forma más plena, los adictos en recuperación necesitan cultivar nuevos patrones de conducta —así como las habilidades que sustentan dichos patrones— y permitirse la experiencia (sentir, pensar, percibir) cuando precisamente habían estructurado su vida para evitarla.

Pienso en Arnold, un adicto que con frecuencia llegaba a las sesiones con el deseo de consumir drogas. Habíamos procesado este deseo varias veces, y cada vez se iba de la sesión sin sentirlo. Llegó a la sesión en una ocasión y empezó a hablar de nuevo de cuánto había querido drogarse. Le pregunté qué más haría o sentiría si no pensara en consumir drogas. Después de un largo rato en silencio, dijo: "¡me sentiría triste y enojado!". A partir de este darse cuenta, Arnold fue capaz de aceptar su tristeza y enojo. El foco de su trabajo pasó de no consumir drogas, a explorar los sentimientos y darse cuenta de que no dejaba que surgieran.

Arnold, al darse cuenta, dependía de su habilidad para calmar su energía. Esto lo lograba con métodos de relajación. El terapeuta tendría que enseñar estas habilidades de relajación a los adictos en recuperación. Es importante reconocer que la lucha del adicto no es solo un proceso cognitivo y de búsqueda de significado, sino una remodulación energética. Como ya se mencionó, los adictos tienden a estimularse rápidamente. Prestar atención al anclaje físico (sensación concreta, es decir, lograr que los adictos estén atentos y sientan sus pies en el piso, su espalda en la silla) puede también ayudar a calmarse y arraigarse en el momento, lo que a su vez les permitirá tolerar el aumento de energía del contacto, que producirá sentimientos y un darse cuenta más definido.

Esta tarea de pasar de las sensaciones a darse cuenta será un pilar fundamental para la recuperación a largo plazo. El adicto ahora podrá experimentar el *self* y los otros, en vez de reaccionar o evadir esa experiencia. A través de esta atención a los sentimientos, el adicto podrá encontrar un significado más pleno en la experiencia de vida.

Otro ejemplo de la necesidad de pasar de las sensaciones al estado de darse cuenta es la tendencia del adicto en recuperación a hablar de su experiencia en vez de sentirla. Esto es parte del patrón de desensibilización del adicto, que aumenta con el consumo de la droga, y que continúa mucho después en la recuperación. Un ejemplo de esta desensibilización lingüística es el uso frecuente de términos como *eso* y *el problema* o *la enfermedad*, lo cual permite que los adictos mantengan una distancia emocional con respecto a su propia conducta.

Recuerdo haber trabajado con Jim, un cliente que hacía poco había perdido a su hermano debido a un cáncer, y que, sin embargo, hablaba de esta pérdida como si estuviera observando un evento. En las sesiones de terapia terminaba sus aseveraciones con "pero así son las cosas". Decía que aprendió esta frase al inicio de su recuperación, como forma de aceptación. Yo tenía curiosidad con respecto a este patrón, pues él parecía nunca experimentar sus sentimientos; era como si de inmediato pasara a esta aceptación remota. Al intentar ayudarlo a elaborar la sensación, le pedí que tratara de hacer oraciones que empezaran con "yo acepto". Estuvo de acuerdo en hacerlo y empezó, "Yo acepto... la muerte de mi hermano... la forma en que murió... la mirada de su esposa y los rostros de sus hijos en el funeral". Al decir esto, su respiración se tornó superficial y brotó una lágrima. Le pregunté qué estaba experimentando. Dijo que se sentía triste y enojado. Así que la frase que hubiera sido más acertada era: "Acepto la muerte de mi hermano, ¡pero no me gusta!" Para Jim, sentir su conexión con su hermano era el siguiente paso para la recuperación. Había desarrollado un patrón de autocontrol donde él "lo aceptaba" para poder continuar sobrio y para evitar sentirse abrumado por los sentimientos, pero en este punto de su recuperación (10 años) podía experimentar sentimientos complejos y contradictorios y, aun así, "aceptar".

La conversación con Jim muestra una intervención que a menudo empleo con los adictos en recuperación que han aprendido a hablar sobre la experiencia en vez de vivirla. Uno de los indicios de este patrón es que el adicto muestra poco cambio en el afecto, suena monótono o tiende solo a observar o resumir la experiencia personal con algún cliché. La técnica que utilicé consistió en hacer que el adicto probara a hablar en primera persona y notara qué sentía al hacerlo. El principio de apropiación de la experiencia es fundamental para el enfoque Gestalt y sirve como método para cumplir con la tarea de elaborar las sensaciones.

Etapa 2. Recuperación intermedia: Grado de conexión y diferenciación

En la etapa intermedia, los adictos en recuperación empiezan a ir más allá del foco exclusivo en el propio límite y la sobriedad, e incluyen a otros en su campo de darse cuenta. Las tareas de esta etapa son pasos hacia un darse cuenta aumentado y un compromiso en el grado de interrelación. La frontera que el adicto en recuperación experimenta es la frontera *self*-otro. En esta etapa existe un movimiento entre lo que Gregory Bateson llama *complementariedad* o lo que Perls, Hefferline y Goodman llaman *identificación* y *diferenciación in-*

terpersonal. El movimiento dialéctico de lo que es "yo" y "no-yo" es el proceso básico de la definición de límites. A medida que el adicto pasa a esta etapa de recuperación, se da cuenta cada vez más de que está inserto en un campo interrelacional y la tarea es cómo controlar y definir el *self* en este campo.

Debido a que estas etapas no son cronológicas, algunos adictos nunca pasan del nivel interpersonal. Los temas que traen a terapia suelen basarse en la sensación de estar atorados en esta etapa, o de necesitar desarrollar habilidades para completar las tareas relacionadas.

Tarea: Complementariedad

De acuerdo con Bateson, el alcohólico necesita desarrollar una relación complementaria más que competitiva con el mundo. Este es un proceso crucial pero transitorio. Esta complementariedad o confluencia se logra al *introyectar*: un proceso de tomar de los demás con muy poca discriminación, una especie de internalización inconsciente. Antes describí la confluencia como la experiencia de "no diferencia", pero quiero cambiar esta definición aquí. La confluencia para el adicto en recuperación de la etapa inicial puede describirse como la experiencia de similaridad consistente.

La tarea en esta etapa para los adictos es experimentar cómo se asemejan a otros adictos. Esto les sirve de apoyo mientras identifican claramente el proceso de adicción y recuperación, y desarrollan un sistema de apoyo. La introyección desde esta perspectiva es lo que McConville llama "introyectar el fondo". Se trata de una absorción implícita de aspectos del campo. En la adolescencia y en otros periodos transicionales de la vida, lo que se absorbe son los modelos, ejemplos de lo que debe ser un adulto: una mujer, un hombre, un adicto en recuperación. En la recuperación, lo que se absorbe son los posibles modelos de recuperación, ejemplos de cómo vivir sin drogas o alcohol.

Los adictos son ya introyectores por excelencia, y los terapeutas en ocasiones se preocupan por la tendencia de los programas de 12 pasos para adictos en recuperación de emplear jerga o de hablar en términos de "nosotros". Para muchos adictos es fundamental que relajen los límites y asimilen de su entorno. El lenguaje del que se apropian al principio proporciona un apoyo cognitivo o marco. Al comenzar, el adicto tiene que pedir prestado un lenguaje a autores u otros adictos en recuperación (frases como "modelo de enfermedad", eslóganes de AA o NA) para desarrollar un marco que le permita comprender la experiencia y establecer alguna conexión con otros.

Es fundamental que los profesionales clínicos comprendan que estas personas están completamente aisladas de los demás al final de su adicción. Después de este aislamiento, una tendencia a sobreidentificarse o aceptar sin discriminación suele ser un paso importante para los adictos en recuperación.

Un colega cuenta la historia de Franklin, un adicto en recuperación que parecía incapaz de recibir retroalimentación de los demás sin interrumpirlos. Él iba a "permanecer sobrio" sin importar lo que los demás dijeran o hicieran. Esta postura no era distinta de su patrón cuando consumía drogas —únicamente era distinto el contenido de lo que decía—. Su proceso seguía siendo de aislamiento y de una vida empobrecida, basada exclusivamente en la autosuficiencia.

Mi colega le preguntó a Franklin sobre su objeción a los comentarios de los demás. Franklin contestó bruscamente que no tenía ninguna objeción a escuchar a los demás, que era simplemente que él sabía qué tenía que hacer. En un momento dijo que no quería ser controlado por los demás. El trabajo en terapia se enfocó en ayudar a Franklin a que experimentara cómo podía tomar las observaciones, sentimientos e ideas de los demás sin ser controlado. Aprendió a tomar lo que las personas le decían como posibles hipótesis que podía aceptar o rechazar. Su frase para esta habilidad era "probar" lo que los otros tenían que ofrecerle, ni tragárselo por completo ni rechazarlo sin consideración. Como muchos adictos, Franklin se definió a sí mismo en términos de sus diferencias con los demás; en este caso, al grado de percibir la influencia externa como un peligro a su integridad.

A medida que la recuperación avanza y los adictos se distancian a sí mismos del acto de consumir, desarrollan algún grado de interrelación, pero la necesidad de aprender de los demás debe estar equilibrada con la necesidad de diferenciarse. Los adictos en recuperación desarrollan su propio sentido de recuperación y su propio lenguaje.

El problema de mantener un estilo introyectivo de manera indefinida es que estas personas pueden disgustarse y rechazar, no solo lo que no es suyo, sino también toda su recuperación. A partir de su necesidad de diferenciarse, el adicto en recuperación podría volver a consumir. Muchos adictos activos siguen repitiendo como loros las palabras de los demás mientras consumen. Otros adictos pueden tratar de permanecer en confluencia con otros y así posponer su inevitable diferenciación. Para mantener la confluencia, deben retroflectar sus propios pensamientos, palabras o acciones potencialmente diferenciadores. Seguir retroflectando a la larga genera un cúmulo de frustración, fatiga y resentimiento, sentimientos que estos individuos pueden vivir como impulso para consumir drogas.

Larry es un ejemplo de un adicto que luchaba con esta etapa intermedia. Había asistido a las juntas de NA de forma regular durante dos años, y así obtenía apoyo práctico para vivir una vida libre de drogas. Larry desarrolló un problema del corazón y le prescribieron fármacos para tratar la irregularidad. Cuando hablaba de su condición médica en las reuniones, algunos miembros del grupo lo acusaban de estarse drogando. Esto representó un importante conflicto para Larry, quien hacía "todo lo que me decían en las reuniones". Su respuesta inicial a esta confrontación era sentir que había hecho algo mal. Debido a esta vergüenza y culpa, él estaba listo para dejar de tomar los medicamentos (que no tenían efectos intoxicantes).

En nuestra sesión, Larry se describió a sí mismo como alguien que se sentía dividido entre su propia salud y su lealtad al grupo de los 12 pasos. Le pregunté a Larry si pensaba que estaba drogado. Dijo: "¡No! No me siento drogado... No quiero drogarme". Le respondí que podría prestar atención a lo que acababa de decir.

La tarea para Larry consistía en discriminar su propia experiencia de lo que otros creían. Este era un cambio para él, que acababa de pasar dos años aprendiendo a no confiar en su experiencia inmediata, en especial en el tema de las drogas. Como terapeuta, elegí retar la acusación que Larry había internalizado, para que pudiera examinar su propia experiencia de que no estaba drogado. Esto también era un importante paso para Larry en la evolución de su recuperación: prestar atención a su propia experiencia incluso aunque estuviera en desacuerdo con otros en el programa. Larry desconfiaba de su propio proceso a tal grado, que estuvo a punto de poner en riesgo su vida con base en lo que alguien más creía. Después de hablar con su padrino de NA y conmigo en terapia, Larry fue capaz de diferenciarse de las acusaciones y atender *su propia experiencia.*

El otro conflicto posible es el del adicto en recuperación que está a punto de consumir de nuevo. Recuerdo a un cliente llamado Paul que había sido operado, y quien —mucho tiempo después de la cirugía— me reveló que había acumulado el medicamento para el dolor para "cuando las cosas estuvieran mal". Sus amigos habían notado que su conducta era distinta tras la cirugía, así que lo confrontaron. Paul se enojó con ellos; cuando él hizo lo mismo en terapia conmigo, me enfoqué en su tono competitivo o contencioso. Le dije que me parecía que debía haber algo en juego para luchar con tanta fuerza, y ahí fue cuando me reveló que había ocultado las drogas.

La diferencia entre estos dos adictos es que mientras Larry estaba considerando lo que los demás le decían, Paul, no. Él no estaba en un tipo de relación de complementariedad con los demás. Su tarea, entonces, consistía en desarrollar algo de complementariedad o grado de conexión. Para mí, es señal de que un adicto en recuperación está en peligro de regresar a las drogas cuando está en conflicto con la mayor parte de su ambiente.

En la terapia Gestalt, entendemos que este conflicto de límites es una situación normativa. Para los adictos en recuperación, durante algún tiempo, tener que elegir entre su propia experiencia y la de los demás puede sentirse como una emergencia. En la terapia Gestalt nos interesa ayudar a nuestros clientes a experimentar con "emergencias seguras". Una metáfora útil para la habilidad de atender al adicto en esta lucha es la del surfeo. Como terapeuta, debo sentir la corriente y crecer con la energía y la figura del cliente. Empujarlo o diferenciarlo muy pronto puede sentirse como si le quitaran algo, y puede provocar que el adicto sienta la necesidad de elegir entre el terapeuta y otras partes del sistema de apoyo de la recuperación, como el grupo o programa de 12 pasos. Sin embargo, si no trato de anticipar el rompimiento de la ola, podría perder oportunidades de ayudar a esa persona a explorar este proceso crucial en la terapia.

Al trabajar con adictos en esta etapa, he visto la utilidad de algunas preguntas particulares. Para apoyar la identificación del cliente con los demás, puede ser útil preguntar: "¿en qué te ayuda esa frase, reunión o grupo?". Una pregunta que apoya la diferenciación interpersonal podría ser: "¿qué significa para ti esa palabra o eslogan?", o más directamente: "¿en qué eres distinto a esa persona o grupo?". Es importante que estas preguntas estén ubicadas en el contexto de la recuperación del adicto.

Para muchos lectores, la idea de promover las similitudes y no empezar enfatizando la diferenciación podría parecer poco terapéutico, pero gran parte de los adictos son expertos en enfatizar sus diferencias. Si el adicto empieza a verse como similar a los demás, especialmente en términos de consumo de drogas, entonces podría ser más útil apoyar esta identificación. Por otro lado, para los terapeutas que trabajan con adicciones y los miembros de los grupos de 12 pasos, enfocarse en las diferencias puede ser peligroso o herético.

En mi experiencia, los adictos se diferenciarán; es un proceso continuo y de crecimiento normativo. Cualquier enfoque para el trabajo con la adicción, y especialmente con adictos en recuperación, necesita abordar estos dos polos de interacción: identificación y diferenciación.

Tarea: Flexibilidad en los límites y redefinición

Después de la etapa de desarrollar cierto grado de conexión con los demás, se produce el desarrollo de una frontera más flexible. En la terapia Gestalt, la flexibilidad nos parece saludable, pues ofrece más alternativas y así sirve de apoyo a distintas necesidades. Un límite flexible es aquel que permite contacto con los demás y también atención al *self*; permite que la persona experimente el *tú* y el *yo* de manera simultánea. Para muchos adictos, este tipo de flexibilidad se desarrolla en la recuperación. Si no sucede así, existe una tendencia a moverse entre estilos de límites opuestos: de un foco rígido, sobrelimitado en el *self* como distinto de los demás y del ambiente, a una fusión extremadamente permeable, sin límites con los demás ni el ambiente. Casi siempre los adictos tienden a vivir fuera de esta polaridad durante la recuperación. Cuando se encuentran en crisis o bajo estrés, tienden a oscilar entre estos dos polos.

A veces los adictos entran en conflicto con los demás, al exteriorizar uno de estos polos y percibir al otro como el polo opuesto. Algunos ejemplos de los roles establecidos en esta representación dramática son el adicto desmedido versus el cónyuge controlador; el padrino de AA que representa el polo abstinente versus el apadrinado que únicamente quiere beber, y el terapeuta que quiere que el adicto se relaje versus el adicto en recuperación que está aterrado de perder el control si se relaja. Creo que la gran cantidad de ejemplos de este proceso de oposiciones se debe al hecho de que todos llevamos esta polaridad dentro de nosotros y por eso es muy fácil que reaccionemos con base en ella. De hecho, los profesionales clínicos que trabajan en el tratamiento de la adicción son propensos a involucrarse sin querer en este tipo de enfrentamiento, debido a sus propias historias y problemas en sus familias de origen.

El problema con todos estos ejemplos es que empañan el hecho de darse cuenta del adicto de su polaridad interna: ¿Cómo interactúo con el ambiente y con los demás? ¿Cómo dejarlos fuera de mi frontera y concentrarme en mí mismo? Es probable que estas personas sean expertas en encontrar a otros que encajen con estos polos, o que otros graviten hacia el estilo extremo del adicto, o ambos. Desde la perspectiva de campo, tanto el *self* como los otros cocrean el campo. Lo importante en el trabajo con estos clientes es ayudarlos a desarrollar cómo darse cuenta de su manera de establecer límites y que aprendan a poner en práctica este darse cuenta cuando toman decisiones. La tarea del adicto consiste en desarrollar un darse cuenta de sí mismo y conseguir apoyos para probar nuevas maneras de relacionarse con el *self*, con los demás y con el ambiente. Como se mencionó antes, las maneras en que nos relacionamos con los demás tienen su fundamento en nuestra historia. Cualquier trabajo con adictos que se enfoque en temas de límites tenderá a suscitar eventos de los primeros años de vida.

La *polaridad* como la entendemos aquí se refiere a las "funciones de contacto" de la frontera en el campo, la forma en que los adictos organizan y se relacionan con el ambiente y los demás. Utilizo de manera consistente ambas palabras, *ambiente* y *otros*, porque la lucha del adicto con los límites no es únicamente con personas, sino con cosas (drogas, alcohol, incluso sensaciones externas fuertes). La forma en que estos individuos emplean las drogas suele ser igual a la forma en que internalizan opiniones, afecto y enojo de los demás. O se tragan todo y se inundan, o se resisten a los demás y al ambiente tal como lo hacen con las drogas al principio de la sobriedad. Una forma de ver la recuperación a largo plazo es como un movimiento del yo-eso a una mayor relación con los demás, yo-tú. Al consumir, e incluso después, los adictos tienden a tratar a las personas como cosas, objetos a ser manipulados. Muchas veces los adictos se cosifican a sí mismos, y dicen "sentirse como persona de nuevo" al principio de su sobriedad. Tratar de describir la experiencia de los adictos solo en términos de relaciones interpersonales no aborda la experiencia de despersonalización. En la siguiente sección, profundizo en esta polaridad y aporto ejemplos clínicos de intervenciones terapéuticas.

Los adictos son rígidos y con exceso de límites cuando solo se enfocan en el *self* como un objeto a ser controlado. Esta postura puede apreciarse en la forma en la que el individuo tiene el cuerpo de forma compactada. La creencia que conlleva esa postura es, "necesito hacerlo yo mismo".

John era un adicto que había estado sobrio durante tres años. Cuando entró en mi oficina, noté que todo su cuerpo estaba tenso, como si estuviera preparado para entrar en acción. Su pecho apenas se movía al hablar conmigo sobre lo difícil que se había vuelto su vida. Decía que pensaba en beber, pero "estaba determinado a no hacerlo sin importar lo que los demás dijeran o hicieran".

John estaba en el modo que los miembros de AA conocen como sobriedad *de puños cerrados*;[1] es decir, se resistía por pura determinación, sintiéndose más frustrado cada vez. Estaba acumulando energía que casi seguro explotaría pronto. Mientras hablamos, le sugerí que respirara para llevar aire al pecho. Respondió que no podía o se desmoronaría. Me di cuenta de la intensidad con la que John se contenía y decidí identificar la polaridad de este comportamiento limitado. Le pregunté: "y ¿qué pasaría si te desmoronas?". Lleno de lágrimas, John me contó cómo lo habían defraudado cada vez que él "dejaba de hacerlo solo". Su estilo rígido, con exceso de límites, servía para protegerlo, porque creía que los demás no lo harían. Lo malo de este estilo es que lo privaba de la posibilidad de recibir apoyo externo. Sus sensaciones se volvían como olla de presión y creaban mayor carga a medida que él redoblaba sus esfuerzos por "retener todo".

Finalmente, John sí trató de experimentar y llevo aire al pecho, lo que describió como un "salto de fe" (en mí). A partir de este punto en la sesión, John lloró, gritó y sacó su frustración frente a las relaciones con los demás. Al sentir que sus objeciones para establecer contacto con los demás eran apoyadas, John fue capaz de apropiarse de la forma en que retroflectaba y experimentar la diferencia en sí mismo cuando soltaba. También vio que su estilo sobrelimitado evocaba pensamientos de consumir. Reconoció que "mucho más de eso y beber hubieran parecido buena idea". Más tarde en la sesión le pedí que recreara su tensión. Al hacerlo, pasamos a un trabajo más profundo sobre cómo aprendió a contener su respiración cada vez que se sentía asustado y que lo dejaban solo cuando era niño.

Cuando los adictos tienen una falta de límites, no discriminan qué es el *self* y qué pertenece a los demás. La frontera es porosa y en extremo permeable. Esto es muy común durante la recuperación inicial, o en la etapa de introyección-fusión. Betty era una adicta recientemente sobria que empezó a describirme este modo de falta de límites en la primera sesión. Empezó la sesión con las palabras: "sé que suena egocéntrico, pero todo parece tener que ver conmigo. Todos en casa están enojados conmigo". De hecho, todo lo que decía Betty era sobre los demás, o era algo que alguien le había dicho.

Me parecía claro que Betty necesitaba ser capaz de experimentarse como distinta de los demás y no siempre tan central en los conflictos a su alrededor.

[1] En inglés, *white-knuckle* (literalmente "nudillos blancos"), alguien que se mantiene sobrio por pura fuerza de voluntad; como si cerrara los puños y se le pusieran blancos los nudillos. [N. del T.]

Para hacerlo, primero tendría que experimentarse a sí misma. Le pregunté si podía sentirse sentada en la silla en mi oficina. Después de preguntarse a sí misma en voz alta si podía, empezó a escanear su cuerpo y notó que no podía sentir su espalda, aunque sabía que "estaba ahí en algún lugar". Le sugerí que se parara y se sentara unas cuantas veces, mientras prestaba atención a su espalda. El objetivo de esto era ayudarla a romper la confluencia con la silla, que sintiera un límite. Después de sentarse y pararse varias veces, dijo que podía sentir más su columna y que "dolía". Entonces cambió su frase a "me duele". Su rostro se sonrojó y repitió la frase como si descubriera su propia experiencia, "Me siento adolorida".

Le sugerí que fuera un paso más adelante y describiera cualquier cosa que notara de mí o de mi consultorio que estuviera segura que no tuviera nada que ver con ella. Observó que yo estaba sorbiendo la nariz y señaló que yo debía tener un resfrío. Le sugerí que se quedara con ese doble darse cuenta: "Yo me siento adolorida y tú tienes un resfrío". Entonces ella dijo que su dolor era propio, pero que mi resfrío no era su culpa. "¿Estás segura?", le pregunté. "¿Estás bromeando?", respondió riendo. Betty fue entonces capaz de hablar de lo herida que se había sentido por los demás en su grupo. Pasó a experimentar con frases adicionales sobre ellos, que incluían "yo" y "tú".

En estos dos ejemplos, el resultado fue alejarse de la polaridad fija del establecimiento de límites, hasta un punto medio. Nuestro punto de inicio en ambos casos era la forma en la que John y Betty se vivían en el presente. El trabajo que hicimos tenía dos objetivos: primero, sugerí que se movieran, respiraran o hablaran de cierta manera, para poder aumentar o incrementar su darse cuenta de lo que ya estaban haciendo. Segundo, ofrecí posturas opcionales: frases a probar con la intención de ayudarlos a considerar conductas alternas. Estas dos aproximaciones son distintivas del método de terapia Gestalt: enfocarse en *lo que es* y experimentar con *lo que podríamos hacer.* Mi actitud frente a estos dos adictos era de curiosidad y experimental, más que de imponer mis preferencias.

El trabajo constante para muchos adictos es el de desarrollar estas opciones intermedias, incluyendo todas las posibilidades entre las dos posturas opuestas de "tengo que hacerlo todo solo" y "todos somos lo mismo". Encontrar un punto medio permite que los individuos diferencien varios sentimientos y experiencias —como enojo, hambre, tristeza, dolor— de la acción de usar drogas. En los casos aquí descritos, lo hicimos al definir ambos lados del límite a través de la sensación aumentada. Este trabajo implica simultáneamente el *cultivo de la persona* de su propia sensación y un intercambio *interpersonal*. Para el adicto, se trata precisamente del límite en el que debe trabajar y el que ha de desarrollar.

Como resultado de vivir relaciones complementarias y de aprender a expandir y flexibilizar los límites, los adictos en recuperación pueden lograr un sentido de competencia interpersonal, un proceso para interactuar de manera fluida con los demás. Lo fluido es la capacidad del adicto de establecer contacto con los demás pero manteniendo a la vez un sentido del *self*, una habilidad que sirve de apoyo para una creciente variedad de elecciones y conductas en la recuperación.

Muchos adictos en recuperación tienden a experimentar sus decisiones como dicotómicas, ya sea para "mí" o para "ti". La competencia interpersonal es la capacidad de negociar tanto las propias necesidades como nuestra continua integración en un campo con otros. Esta competencia se basa en subhabilidades que incluyen la habilidad de dar apoyo y anclaje al *self*, de expresar claramente la experiencia propia, de recibir la experiencia del otro de forma acertada, y de negociar entre el *self* y los demás. Los individuos, las parejas, la familia y el grupo de terapia pueden ser muy útiles, en ocasiones esenciales, para que los adictos en recuperación desarrollen dichas habilidades, y el énfasis del terapeuta en las sesiones está en ayudarlos a aprender y practicar estas conductas. La noción gestáltica de contacto como pleno darse cuenta del *self* y los otros, se reflejará en el siguiente ejemplo de terapia con esta tarea de recuperación.

Melanie, por ejemplo, es una adicta que ha estado en recuperación durante 10 años, y es miembro de un grupo de terapia. Hace poco, Melanie y otro miembro, Nancy, tuvieron un conflicto con respecto a la dirección del grupo. Melanie albergaba fuertes emociones pero parecía no poder expresarlas. Trataba de hacerse entender, pero terminaba hablando de cómo Nancy estaba "equivocada". Melanie no era capaz de repetir lo que se le había dicho, lo que hacía que Nancy se sintiera "no escuchada".

Le pedí a Melanie que se tomara un tiempo para prestar atención a sus propios sentimientos y pensamientos antes de hablar. Esto era nuevo para ella, pues siempre había dicho "lo que le cruzaba por la mente", pero aceptó tratar de hacerlo. También le pedí a Nancy que pensara en lo que más querría que Melanie escuchara. Cuando las dos empezaron a hablar de nuevo, su ritmo era mucho más lento, y Melanie era capaz de expresar su diferencia. Nancy dijo lo que quería que Melanie escuchara. Seguían sin estar de acuerdo, pero expresaron sus sentimientos más claramente y se sintieron satisfechas con su interacción.

Este resultado es un ejemplo de contacto, de un claro darse cuenta del *self* y del otro. Melanie había experimentado con una habilidad: contactar completamente con el *self* como base para la comunicación. Sus declaraciones a Nancy estaban tan llenas de emoción y de pasión como antes, pero ya no se sentía frustrada. Nancy vivió la experiencia de ser escuchada y de que no estuvieran de acuerdo con ella. Como sistema, pasaron de tratar de convencerse una a la otra, a escuchar la experiencia de la otra.

Tarea: Cooperación

El movimiento más allá del nivel personal continúa a medida que el adicto se involucra más con el mundo que lo rodea. Muchos adictos en recuperación se comprometen mucho en el servicio de los programas de 12 pasos al apadrinar a otros. Esto se suele ver como ayudar a otros a que recuerden su propio pasado, pero si vemos la conducta desde la perspectiva de los niveles de sistema, el adicto está expandiendo su límite en el campo para incluir otras preocupaciones más allá del *self*. Con frecuencia, los adictos en recuperación se involucran en actividades comunitarias tan diversas como programa de Hermano Mayor, grupos ambientales y campañas políticas.

Al trabajar con adictos en esta etapa de la recuperación he empleado distintas opciones. A menudo sugiero que estas personas exploren sus conexiones con los sistemas más amplios en la terapia de grupo. Hago numerosas observaciones del grupo como un todo, para señalar cómo opera como un sistema. Aliento a los clientes a que miren a su alrededor y busquen apoyo en el grupo. Por ejemplo, podría decir, "existe un patrón en este grupo de individuos que hacen su propio trabajo mientras el resto escucha", o "cada persona en este grupo ayuda a cocrear las normas con su conducta". Estas observaciones tienen la intención de incrementar el hecho de darse cuenta en el grupo de cómo cada miembro coopera para crear el todo. Para los adictos, esto representa la oportunidad de influir conscientemente y de ser influido por todo el sistema. Esta experiencia puede resultar paradigmática para la relación del adicto con sistemas más amplios fuera de la terapia.

Este desarrollo de darse cuenta del *self* como parte de sistemas más amplios constituye una experiencia nueva para muchos adictos. Existe una tendencia entre los adictos en recuperación a enfocarse en el *self*, en gran parte por miedo y falta de darse cuenta de los demás. El paso para formar parte de algo más grande que el *self* puede ser tanto atemorizante como emocionante.

En la terapia individual, he apoyado al adicto en su paso por esta etapa al alentarlo a que se enfoque en su relación con sistemas más amplios. Recuerdo haber trabajado con Ted, quien tras años de sobriedad, había empezado a verse como parte de un vecindario. Quería estar más en contacto en este nivel. Le sugerí que cerrara los ojos e imaginara su vecindario. Cuando lo hizo, le pedí que se imaginara caminando por ahí, que viera a las personas y que internalizara esta experiencia. Hizo esto fácilmente y pronto estaba saludando a sus vecinos. En cierto punto, se le empezaron a llenar los ojos de lágrimas. Cuando le pregunté qué estaba experimentando, Ted me dijo que estaba recordando su vecindario cuando niño, cuando no podía hablarle a nadie y mantenía siempre la cabeza baja porque estaba muy avergonzado de su padre alcohólico. La experiencia de mantener la cabeza en alto le permitió a Ted ver su parte en el todo más amplio de su vecindario. A la semana siguiente, Ted me dijo que había caminado por su vecindario actual para platicar con otros, incluso se detuvo a ayudar a un vecino a atrapar a su perro. Este experimento le permitió a Ted explorar su grado de conexión con el sistema más amplio y experimentar su historia pasada de marginación de su ambiente.

Etapa 3. Recuperación avanzada: Expandir el *self*

La tercera etapa de la recuperación se enfoca en la experiencia de ir más allá de los sentimientos y las reacciones inmediatas para observar el *self* y, después, observar y experimentar el *self* en relación con todos los sistemas. En esta etapa el adicto en recuperación aprende o desarrolla las habilidades de observar y reflexionar sobre el *self*, y de trascender los sentimientos inmediatos (mientras sigue sintiendo). Esta es la etapa en la cual la persona desarrolla un sentido más profundo de la existencia.

El foco terapéutico en esta etapa a menudo consiste en apoyar al adicto en el desarrollo de estos significados más profundos y trascendentes. Es importante que el terapeuta discrimine entre los adictos en recuperación que nada más hablan sobre su vida, de los que realmente están en la vida, y que pueden trascender o entender. Los temas más comunes en esta etapa son la reevaluación de la vida, los cambios de profesión o relaciones y el sentido de la enfermedad y la muerte. Así, estos temas son similares a aquellos del desarrollo intermedio y avanzado del adulto en la población general. La diferencia es que el adicto en recuperación puede haber tenido una experiencia directa con estos indicadores en la vida durante la adicción activa. Los adictos en recuperación de largo plazo suelen estar muy conscientes de lo que han perdido por su consumo de drogas.

Tarea: Reflexión y contemplación

A medida que los adictos desarrollan más alternativas de conducta, son capaces de ocuparse del *self* en modos menos orientados a la acción. Uno de estos modos es el proceso de reflexionar de manera más profunda en el sentido de sus experiencias. Si nos referimos de nuevo al ciclo ideal de la experiencia (véase figura 1), esta habilidad es análoga a la parte posterior del ciclo. Esta etapa es lo que Wilber llama *formal reflexiva*, es decir, el proceso por el cual los adictos pueden pensar sobre su pensamiento y el mundo. Es un modo introspectivo y crucial para el desarrollo de una práctica espiritual. En la terapia Gestalt, esta etapa se describe como darse cuenta del propio proceso y de la habilidad de analizar el *self*.

Para los adictos, esta etapa suele ser difícil, porque gran parte de su conducta ha sido una evasión para no contemplar el *self*, a través de la desensibilización y del foco en los demás. Reflexionar no es un proceso de suprimir la experiencia, sino resultado de "quedarse con la experiencia" y no reaccionar con base en ella. Cada etapa o fase precedente en la recuperación ha servido de base para este nivel de darse cuenta y de atención.

Aquí está un ejemplo de mi propia práctica: Stephanie ha estado sobria durante 10 años. Ha estado en una serie de relaciones y trabajos que han terminado con insatisfacción y dolor. A través del proceso de terapia, ella decidió no empezar otra relación hasta que pudiera entender lo que estaba haciendo. En nuestro trabajo, exploramos muchos puntos de vista distintos para tratar de describir su experiencia: codependencia, feminismo, recreación de su familia y otros. Aunque los encontraba algo útiles, no describían exactamente lo que había vivido. Stephanie lo expresó claramente al decir, "he leído estos libros y de alguna forma encajan, pero hay palabras en una página que… no puedo conectar".

Colaboramos en un experimento en el que Stephanie describía ciertas experiencias que había tenido y después hacía declaraciones que empezaban con "Cuando me veo haciendo eso…". Tuvo varias respuestas para esa oración: "lo que pienso de mí misma es... Estoy sola... No confío en mi propia capacidad de sobrevivir... A menudo no pongo atención a cómo esta persona o trabajo encajarán con mi estilo de vida... Estoy haciendo lo que creo que debería estar haciendo". Esta reflexión le llevó a un trabajo más profundo, en el que definió cómo se veía a sí misma más adelante. Para hacerlo, Stephanie tuvo que desarrollar la habilidad de disminuir el ritmo y llegar a un modo reflexivo. Gracias a nuestro trabajo previo, ahora era capaz de llegar a este modo porque podía tolerar la sensación y darse cuenta, y así quedarse con un tema difícil el tiempo suficiente como para forjar el sentido que tiene con respecto a sus propias necesidades. Su mayor capacidad para retroceder de su experiencia inmediata (sentimientos, sensaciones) le servía de apoyo para observar su propio proceso.

Tarea: Trascendencia

La última etapa es la experiencia transpersonal del adicto, con la cual me refiero a esos aspectos del campo que van más allá del *self* y los otros, para conectar con todos los niveles de sistemas. Alcohólicos Anónimos describe la relación entre el alcohólico y su "poder supremo" como crucial para el proceso de recuperación. Ha habido cierta discusión sobre el aspecto espiritual de la recuperación en la investigación psicológica tradicional.

Actualmente, los libros de autoayuda para los adictos se han enfocado en el desarrollo espiritual desde una gran variedad de perspectivas y ponen énfasis en las prácticas de meditación. También existe controversia con respecto a la necesidad de prácticas religiosas en la recuperación. Grupos tales como Recuperación Racional critican la confianza de AA en un poder supremo, al considerar que resta importancia a la responsabilidad individual del adicto y su toma de decisiones.

Yo veo las prácticas espirituales como distintas de la religión en cuanto a que son inherentemente personales y no es necesario que estén alineadas con creencias o tradiciones particulares. La espiritualidad se puede ver como otra forma de contacto, una que es tanto del *self* como de más allá del *self*. Los adictos en recuperación viven en un mundo con otros; son parte de sistemas más amplios que sus propios esquemas o pensamientos.

Cuando pienso en espiritualidad para el adicto, creo que es una prolongación del proceso de ser un *self* y de ir más allá del *self*. Esta etapa se basa en las etapas más tempranas de la recuperación, en las cuales la persona asume responsabilidad por su propia conducta y lleva a cabo distintas conductas.

Faye, por ejemplo, estuvo sobria durante 10 años antes de regresar a la iglesia. Había rezado y meditado la mayor parte del tiempo de sobriedad, pero su énfasis en la recuperación había estado en actuar. Estaba preocupada de que la religión fuera una experiencia pasiva para ella. Para su sorpresa, Faye se dio cuenta de que se sentía conectada con otros miembros de la iglesia y que tenía un sentido de reciprocidad en la oración. Describía su experiencia como orar juntos más que orar sola; sentía que sus prácticas espirituales eran como ir más allá de sí misma hacia un sentido de algo más que el *self*, lo que podríamos llamar transpersonal.

Para los adictos, una espiritualidad integrada puede ser un reconocimiento continuo de sus limitaciones, y el tema derivado de confiar en el apoyo de los demás puede ser parte de la función de contacto. Esta etapa es un retorno al tema de la confianza, al conflicto evolutivo del apoyo. Para el adicto, la lucha constante es: "¿puedo confiar en que los demás me pueden dar apoyo?". Parte de esta lucha es darse cuenta de que somos, en ocasiones, incapaces de hacer todo por nosotros mismos; que la madurez implica trascender nuestros pensamientos, patrones y sentimientos.

Es esta trascendencia, más allá del *self* exclusivo, la que es más sanadora para el adicto. Las prácticas espirituales como la oración y la meditación permiten que las personas se coloquen a sí mismas *literalmente* en una posición de confianza —acostarse en el piso, arrodillarse, sentarse a meditar—. Creo que son la posición física y la práctica, así como el contenido, los que transforman al adicto más allá del *self*.

Pienso en un adicto que no dejaba ir ninguna situación inconclusa. Por ejemplo, si alguien le decía algo, rumiaba durante días lo que la persona pudo haber querido decir. A menudo sentía que tenía que estar haciendo más para asegurar resultados. Revisaba las situaciones desde cada perspectiva y terminaba agotado.

A lo que llegó en una ocasión, mientras estaba sentado en mi consultorio, fue a darse cuenta de que no podía hacer nada más por controlar una interacción inminente; había hecho todo y aún estaba agitado. Se decía: "me siento como si estuviera acostado en el piso dándome por vencido". Le sugerí que tratara de hacerlo y que pusiera atención a su experiencia. Lo hizo y noté que se sostenía levantado del piso, como si no permitiera que el piso lo soportara.

Cuando comenté sobre su postura, se le llenaron los ojos de lágrimas y su boca tembló. Poco a poco, fue capaz de relajarse en el piso, al permitir que sus hombros cayeran hasta que estuvo en posición horizontal. Hablamos sobre esta experiencia y describió lo diferente que se sintió al dejar que otra cosa que no fuera él, lo soportara.

Esta historia ilustra el tema de la confianza como disposición a recibir apoyo. Para los adictos que se apoyan a sí mismos por completo o que demandan apoyo total de los demás, la nueva conducta consiste en dejar ir. Para este hombre, la experiencia transpersonal era permitir que el piso, el mundo, lo apoyara, arriesgarse a caer a través del piso. Es más que relajación. Esta conducta se basa en un riesgo y en la creencia en desarrollo de que más allá de sí mismo, algo le dará apoyo.

Algunos terapeutas consideran la espiritualidad con desprecio, como una evasión de la responsabilidad personal o como proyección. Aunque esto sea cierto en ocasiones, también es un proceso de contacto legítimo, y no siempre una evitación del contacto. Puede ser la base para el apoyo interpersonal y una red de seguridad para caminar en la cuerda floja de la vida.

En la terapia con adictos en recuperación, a menudo nos enfrentamos con personas que hablan sobre sus prácticas espirituales. Esta etapa posterior de recuperación es más que hablar sobre espiritualidad, más que decir plegarias. Es la corporificación de la confianza que empezó en la recuperación inicial. En esta etapa, el adicto puede liberar su preocupación por el constante autocontrol. Esta liberación es una forma de fluir con el mundo, una capacidad de ver la unidad entre el *self* y el mundo.

Nuestra tarea como terapeutas es apoyar este desarrollo y brindar, a quienes tratamos, observaciones conductuales. He enseñado a los adictos técnicas de respiración más profunda para apoyar su meditación. También me he familiarizado con numerosas prácticas espirituales. Nuestra lucha como terapeutas puede consistir en apreciar el nivel más amplio de sistema y la conexión de nuestro cliente con él.

Las etapas y las tareas descritas aquí pueden servir como un mapa del desarrollo del adicto en recuperación a lo largo de la vida. Algunos adictos en este proceso podrían nunca necesitar terapia como apoyo para su desarrollo, al menos no terapia en la práctica clínica formal. Pero muchos sí vienen a terapia y sienten confusión sobre cómo nombrar o entender sus luchas o temas. Ser consciente de estas etapas y tareas puede ayudarnos a darles a estas personas un contexto para su experiencia. Las intervenciones terapéuticas aquí descritas están basadas en mi visión de la adicción como automodulación y en la recuperación como lo que ofrece la oportunidad de tener límites más flexibles y potencialmente en expansión con los demás.

En el siguiente capítulo describo ejemplos de casos de adictos en distintas etapas de la recuperación y aproximaciones clínicas para trabajar con estos individuos. Las tareas de cada etapa, tal como están explicadas aquí, destacan como asuntos clínicos a trabajar durante la terapia.

Capítulo 5. Cinco estudios de caso en torno a la recuperación

Los siguientes estudios de caso siguen a los adictos a lo largo del proceso de recuperación, más allá de la sobriedad. Estos casos ilustran las etapas y las tareas de recuperación tal como se describen en el capítulo 4, y muestran la recuperación como el alejamiento del foco en el *self* a mayores esferas en la vida, mientras se sigue enraizado en el terreno fundamental de la sobriedad como base del desarrollo personal.

Algunas de estas historias son de adictos con los que he trabajado como terapeuta; otras están basadas en entrevistas o pláticas con clientes. El camino de cada uno en el proceso de recuperación refleja su propio fondo personal, así como el proceso común de las etapas de recuperación.

Llevar las sensaciones al estado de darse cuenta

Roberto entró a un programa de tratamiento a los 26 años. Su historia con las drogas era extensa, había empezado a los 14 cuando fumó por primera vez marihuana. En los últimos tres años, se había estado inyectando anfetaminas y había empezado a consumir grandes cantidades, lo cual le provocaba alucinaciones y paranoia extrema. Roberto desconfiaba de todos cuando entró a tratamiento. Prestaba especial atención a los matices e implicaciones del lenguaje y parecía permanentemente en guardia frente a los demás.

La experiencia del tratamiento de Roberto se basó en educación sobre la adicción y terapia de grupo, que es el enfoque más común para los adictos. Este grupo apoyó a Roberto para lograr la primera tarea de la recuperación: mantener la abstinencia. Al principio se mostraba distante en el programa de tratamiento, pero pronto empezó a interactuar con otros asistentes. Para Roberto era muy fácil hacer lo que él llamaba "hablar por hablar", es decir, adoptar la jerga y el estilo de interacción en cualquier sistema en el que entrara. Este estilo camaleónico lo había empezado a perfeccionar en la adolescencia, y se había vuelto tan experto que, con frecuencia, no era consciente de su comportamiento. Yo trabajaba como terapeuta de grupo en el programa de tratamiento en el que Roberto había ingresado, y sustituí a su terapeuta una tarde. Al escucharlo hablar, me impactó la impecable naturalidad con la que respondía a todas las preguntas que le hacían los miembros del grupo.

Después de dicha interacción, le pregunté a Roberto qué sentía cuando les hablaba a las personas. Se detuvo, casi congelado en la silla, y dijo: "¿qué quieres decir?". Le comenté que, aunque podía comprender lo que decía, no tenía idea de qué sentía al hablar. Roberto le dio varias vueltas y me pidió que explicara con detalle lo que yo le decía. Al fin lo detuve y le pregunté: "¿cómo te sientes al hablar conmigo ahora?". Se tomó un largo tiempo antes de responder, abría los ojos con asombro mientras miraba fijamente al piso. Por último, me miró con los ojos aún muy abiertos: "No me gusta... ¡Siento que no me crees!".

Le dije a Roberto que no sabía qué creer cuando hablaba. Sus palabras tenían sentido, pero no podía sentirlo a él mientras las pronunciaba. Roberto se enojó conmigo y dijo que estaba cumpliendo con todo lo de su plan de tratamiento. Exigió saber qué más quería específicamente que hiciera, él quería seguir libre de drogas y no volver a su "vida loca".

Mis intervenciones se enfocaron en elaborar las sensaciones de Roberto. Él aún interactuaba y se experimentaba en el malogrado ciclo de pasar rápidamente a la acción. En vez de actuar consumiendo drogas, la acción que ahora ejecutaba era hablar sin prestar atención a su experiencia interna. Decía "lo primero que le cruzaba por la mente", era su forma de adaptar el corto ciclo de adicción a la conducta verbal. La tarea en la que trabajamos fue la de elaborar sus sensaciones, de las cuales se alejaba rápidamente, para conseguir un mayor darse cuenta de sí mismo.

Escuché a Roberto y lo dejé sacar todo su enojo, tal vez por primera vez desde que inició el tratamiento. Cuando terminó, le dije que estaba en lo cierto; yo sí quería algo de él o no habría mencionado su conducta. Lo que yo quería era que él notara cómo se sentía al hablar. Por ejemplo, ¿cómo se sentía ahora mientras me hablaba? Miró al grupo a su alrededor con los ojos muy abiertos y dilatados.

Luego enfocó su mirada en mí y me dijo en voz baja, "asustado de estar acorralado. Cuando alguien me acorrala, me pongo a la defensiva". Le dije a

Roberto que así es como yo sentía nuestra interacción. El efecto de este intercambio fue importante en el grupo. Empezaron a hablar sobre las distintas experiencias con Roberto cuando se enojaba, y un miembro del grupo dijo que por primera vez Roberto sonaba como uno de ellos.

El estilo de Roberto de seguir con el plan y hablar con la jerga del tratamiento no es poco común. En esta situación, estaba claro que era tanto su estilo como adicto —que tendía a estar a la defensiva— como la norma del tratamiento. Al hacerle una simple pregunta, reté esta regla de utilizar la jerga sin mencionar ningún sentimiento. Como muchos adictos en recuperación, al inicio del tratamiento, Roberto a menudo empezaba sus frases con "yo sé lo que tengo que hacer". Esta aparente claridad de autoconciencia era una fachada de control a través de la cual ignoraba su vida interna. La desventaja de esta compensación o estilo "como si" era importante para Roberto. Él no podía sentir o reconocer su miedo e incertidumbre, pero estos sentimientos no se pueden eludir para siempre y es inevitable que se sintiera inseguro sin el apoyo requerido para superar la experiencia. Sobre todo, este estilo de hablar "como si" generaba una distancia entre Roberto y los demás, como quedó demostrado con la afirmación de que sentían que no lo conocían.

Cinco años más tarde, Roberto pidió una cita para verme en mi práctica privada. Seguía sobrio desde su experiencia de tratamiento. Estaba activo en Narcóticos Anónimos y se había casado con una mujer que también era miembro del programa. Al principio no me quedaba claro por qué había venido a terapia, no lograba captar su necesidad. Esta vez opté por escucharlo y dejar que Roberto hablara de sí mismo sin interrupciones. Lo que me llamó la atención fue lo relajado y aterrizado que se veía. Se sentó cómodamente en la silla y me llamaba por mi nombre. Finalmente, Roberto habló sobre cómo aún se sentía cauteloso incluso en su matrimonio. Cuando le pregunté qué era lo que protegía, Roberto sonrió y afirmó que sabía que yo preguntaría eso. Me dijo que siempre había sido bisexual. Su esposa a menudo le preguntaba cómo se sentía cuando hacían el amor. Cuando esto pasaba, le consumía el miedo de que ella lo descubriera.

Recordé nuestra interacción en el tratamiento y le dije: "¿te sientes acorralado cuando esto sucede?". "Sí —me contestó—, y siento que estoy haciendo algunas de las mismas cosas que solía hacer cuando consumía: mentir, pretender, y hablar para que no me conozca".

Era evidente que estaba en la recuperación intermedia, había establecido relaciones complementarias con otros. Su tarea en ese momento era cómo manejar los límites con su esposa, qué tanto le diría. Reconoció que se comportaba de acuerdo con el antiguo patrón de secretismo, dejando a su esposa fuera de su propia experiencia e identidad sexual. Tenía un exceso de límites en cuanto al tema y este patrón lo hacía sentir presionado y deshonesto, lo cual le provocaba sentimientos de frustración y un agudo darse cuenta de cómo se comportaba. Roberto era capaz de experimentar este agudo darse cuenta porque había elaborado sus sensaciones, y ya no estaba adormecido para sí mismo, como lo había estado al inicio de la recuperación.

Un pensamiento que se me vino a la mente a medida que escuchaba a Roberto fue cuánto había cambiado. Se había presentado a sesión y —sin rodeos— sencillamente me dijo cuál era el problema. Roberto había desarrollado la habilidad de establecer contacto y evidentemente había elegido hacer esto conmigo. Le pedí que siguiera expresando lo que sentía, y lo hizo. Lo que surgió fue la historia de vida de Roberto de guardar una parte de sí mismo oculta del mundo. Empezó a hacer esto con su padre conservador que lo mandó a prácticas de fútbol con la instrucción de "ser un hombre". Cuando Roberto empezó a experimentar sensaciones sexuales tanto por hombres como por mujeres, supo que no podía decirle eso a su padre. Aprendió a decir lo que su papá deseaba oír y a guardar sus sentimientos para sí mismo. Cuando comenzó a consumir drogas, Roberto confiaba en esta habilidad para mantenerse invisible frente a la policía. Cuando empezó el tratamiento, el estilo de contacto de Roberto encajaba muy bien con el "plan de seguir el tratamiento". Y ahora, se daba cuenta de que actuaba de la misma manera con su esposa. Le pregunté qué quería, y dijo que quería saber cómo contarle sobre sí mismo.

El trabajo de Roberto en terapia avanzó rápidamente. Había llegado con una necesidad clara y quería explorar cómo cubrirla. Trabajamos a través de ese proceso y Roberto me usó como consejero mientras él hablaba con su esposa en la silla vacía. Casi de inmediato, Roberto vio a su padre en la silla y se enojó. Con pasión y lágrimas, confrontó al fantasma de su padre, que siempre estaba con él, y que claramente era la razón de ser de su cautela. Después de esta sesión, Roberto se fue a casa y habló con su esposa sobre su "mentira". Ella le dijo que ya lo sospechaba y que no le sorprendía. De hecho, cuando ella le preguntó cómo se sentía era porque en esos momentos se preguntaba si él se sentía atraído por ella o por alguien más.

Roberto había pasado a una etapa de la recuperación en la que era capaz de establecer contacto pleno con otro, sin esconder una parte importante de sí mismo. Sin duda, Roberto diferenciaba sus propios sentimientos de la homofobia de su padre y de su patrón compartido de "no preguntes, no digas". La habilidad que Roberto adquirió para hablar con su esposa dependía de reconocer las diferencias entre ella y su padre. Juntos, la pareja creó un nuevo patrón para establecer contacto. Aunque fue una dolorosa conversación para ambos, que derivó en muchos cambios en su relación, Roberto experimentó claridad y calma con su esposa y consigo mismo. Había dado un salto, de haber estado escondido y actuar "como si", a ser él mismo más plenamente con los demás.

Roberto había desarrollado suficiente confianza en mí como para revelar lo que antes había sido indescriptible e intolerable de experimentar. El trabajo que hizo después de cinco años era una prolongación de la interacción que tuvimos cuando estuvo en rehabilitación. Al dejar que su sensación se constituyera en darse cuenta, la identidad sexual de Roberto y su relación con su esposa se volvió la siguiente tarea de recuperación y el foco en la terapia. Lo que también aprendió es que se había organizado a sí mismo como respuesta a la conducta humilladora de su padre. Había vivido en el mundo como si la respuesta de su padre con respecto a su sexualidad fuera la de todos.

Flexibilidad y redefinición de los límites

Donna tenía 35 años cuando dejó de beber alcohol a finales de la década de 1970. Se describía a sí misma como una "vieja hippie", refiriéndose a su consumo de drogas y a otros aspectos de su estilo de vida. Había estado consumiendo alucinógenos (LSD, mescalina) de forma regular cuando tenía 20, así como una dieta diaria de marihuana. Después de cientos de *viajes* o consumos de alucinógenos, Donna tuvo lo que se conoce como un "mal viaje". Clínicamente, experimentó alucinaciones severas y estridentes y tuvo *flashbacks* de esa experiencia durante un año. Dejó de consumir alucinógenos y se limitó a consumir tranquilizantes y alcohol, que bebía con tanta frecuencia como antes había fumado marihuana. En efecto, lo que Donna hizo fue automedicarse: consumir las drogas tranquilizantes y depresoras para disminuir la intensa ansiedad y el miedo que sentía cuando trataba de dormir.

Cuando Donna dejó de consumir drogas, entró tanto a AA como a NA. Su pronta participación en programas de 12 pasos implicaba seguir direcciones y sumergirse en la experiencia de la misma forma en que lo había hecho con las drogas y el alcohol. Asistía regularmente a muchas reuniones y enfocaba su vida entera en la recuperación. Incluso utilizaba playeras con frases del programa de los 12 pasos para trabajar y en reuniones sociales. La única literatura que leía era de AA y NA. Donna parecía haber pasado por una transformación total, de un estilo de vida de borracha activa a uno de monja de los 12 pasos (un estilo de vida descrito con más detalle en el capítulo 6).

Después de cinco años de abstinencia, Donna aceptó un trabajo en el que tenía distintos horarios, pasaba de turnos de día a turnos de noche. Al principio, disfrutaba su trabajo porque implicaba ayudar a otros adictos. Pero los cambios en la estructura diaria de trabajo y sueño empezaron a desorientarla. Dormía cada vez menos horas por la noche. Donna sentía como si estuviera dejando su cuerpo, una experiencia que a menudo tenía cuando consumía LSD. Esta sensación de desprendimiento la asustó, y sintió como si estuviera haciendo algo mal. Asistió a las reuniones pero no contó sobre lo que le pasaba. Todo el campo de Donna había cambiado, de un lugar benévolo de reciprocidad, al mundo irreal que había experimentado en su "mal viaje".

Finalmente, Donna empezó a alucinar y se le diagnosticó un episodio psicótico. Afortunadamente, fue tratada tomando en cuenta su historia de abuso de alucinógenos. Se le dio una pequeña dosis de Stellazine y, después de unos días de hospitalización, se recuperó rápidamente de sus alucinaciones temporales. Se le dio de alta en el hospital y fue referida conmigo para terapia individual.

Una experiencia que pronto afectó a Donna fue que algunos otros adictos en recuperación empezaban a verla distinta de los demás. Había estado hospitalizada y era percibida como alguien que consumía drogas. Se sentía culpable por tomar medicamentos, pero estaba tan asustada por lo que le había pasado, que sentía que no tenía otra opción. Algunas personas incluso la acusaron de estar drogada en las reuniones, y estas interacciones la lastimaban y le causaban enojo. La experiencia hizo que Donna cuestionara mucho de lo que había creído y profesado con firmeza. Por desgracia, este es un ejemplo común de cómo los grupos y personas en recuperación pueden reaccionar frente a los medicamentos. Debido al énfasis intenso en el límite de mantener las drogas fuera, los miembros del grupo tienden a ver a los adictos que necesitan medicamentos como amenazas y, a menudo, los marginan.

Donna pasaba por una época difícil cuando empezó terapia individual conmigo. Al principio, gran parte de mi trabajo consistía en ayudar a Donna a reconsolidar su límite. Había sido tan rígida en su relación con los demás, sin embargo, al volverse psicótica, Donna no sabía a qué aferrarse. Desconfiaba de su propia capacidad para mantenerse sobria y no estaba segura de quiénes eran sus amigos en el programa.

Al escuchar a Donna, me sentí conmovido por su temor. Al lograr estar sobria, había construido una especie de muro alrededor de ella. Al amurallarse y dejar su pasado fuera, Donna reprimió su proceso disociativo y así se permitió funcionar de manera adecuada en la vida cotidiana. Por primera vez empezó a sentirse parte de un grupo; la pared que había creado como límite era su adherencia compulsiva y casi ritualizada a los programas de 12 pasos y, literalmente, no se permitía sentir nada más que gratitud por estar sobria. Donna se había vuelto abstinente y retroflectaba muy bien —no solo no bebía, tampoco *sentía*—. La suya era una clásica formación reactiva de alejarse de un extremo para adherirse por completo al opuesto.

Cuando su autoconsciencia cambió como resultado de su episodio psicótico, Donna ya no era capaz de mantener su límite rígido. Yo quería asegurarme de darle el apoyo necesario para que se reconstruyera en vez de presionarla para que se diferenciara más. Con Donna, puse énfasis en cualquier experiencia pequeña que promoviera consistencia, certeza, continuidad: las cosas que ella conocía sobre sí misma, en vez de aquello que no tenía claro, las sensaciones definidas que experimentaba al respirar profundamente, la habilidad para hablar de sí misma como un "yo" o un "tú" consistente en vez de como "partes mías". Evitamos cualquier forma de trabajo que pudiera fragmentarla más, como el trabajo con la silla vacía.

La otra preocupación importante para mí era que Donna no creara otro muro, una identidad rígidamente definida que pudiera derrumbarse después. Compartí estas preocupaciones con ella y le sugerí que tal vez necesitaría desarrollar un sentido más flexible de sí misma. Probó con distintas metáforas hasta que sugirió la metáfora de un sauce, que puede doblarse con el viento, pero no romperse. Me pregunté si ella había sido otro tipo de árbol antes. Donna asintió y dijo: "un roble grande y viejo". Esta metáfora se volvió el mapa con el que trabajamos en terapia con Donna, y ella lo utilizó como un marco con el cual hablar de su recuperación. Usaba palabras como "compensación" y "control" cuando hablaba de ser el roble. Poco a poco, fue capaz de hablar de los "vientos" que enfrentó en su vida. Se describió a sí misma como poseedora de vientos "fuera" y "dentro", y sus vientos internos eran los que más la atemorizaban. Le pedí que los describiera y habló principalmente de sus experiencias con las drogas, incluyendo aquellas en las que actuó de forma impulsiva, poniéndose en peligro. Donna nunca había hablado de sus sentimientos sobre cómo había vivido cuando consumía drogas. Me dijo que tenía miedo de hacerlo de nuevo si hablaba de esos sentimientos.

Al trabajar con Donna puse el énfasis en resaltar, de maneras muy concretas, lo que ella sabía sobre sí misma. Para hacerlo, tuvimos que regresar a elaborar las sensaciones, explorar formas de conocer que iban desde tocarse la cara mientras me hablaba, a expresar lo que sabía sobre su pasado. Yo quería ayudarla a encontrar su propia experiencia en pequeñas y marcadas unidades de trabajo. Donna había pospuesto este proceso de autodefinición en la recuperación, en parte porque tenía miedo de lo que pudiera encontrar. En términos de recuperación de la adicción, la experiencia de Donna era muy común. Para diferenciarse de los demás, necesitaba cuajar por dentro, volverse más sólida. La creciente consolidación interna de su *self* se hacía evidente con el tiempo a través de su recién desarrollada habilidad para expresar experiencia y emociones personales en su propio lenguaje, en vez de hacerlo en la jerga del programa, y a través de su comodidad al dejar que otros supieran lo que sentía. Había aprendido que podía sortear cualquier viento al ser flexible y aún mantener la postura de su recuperación.

Aprender a ser, más que a hacer

Mark consiguió estar sobrio a los 45, después de 30 años de beber. Su forma de beber había progresado, de tomar en fiestas los fines de semana, a hacerlo diariamente. Conoció Alcohólicos Anónimos por un viejo amigo de la familia que había estado sobrio durante 20 años. Mark había llegado al punto en el que no quería dejar de tomar, pero no podía tolerar las consecuencias que incluían dolor en el hígado, un matrimonio perdido y el hábito de despertar en lugares extraños con personas desconocidas y sin saber cómo había llegado ahí. Cuando asistió a su primera reunión de AA, Mark tuvo la sensación, por primera vez, de que no era distinto de los demás. También sintió que esta sensación de identificación podría ser la respuesta a su dilema de la bebida; había muchas personas en la reunión que habían tomado como él lo hacía y que ahora estaban en abstinencia.

De pequeño, Mark había crecido con la sombra de un padre alcohólico, dominante y magnético. Aunque había odiado la forma en que se sentía cuando su padre estaba borracho, en el fondo, Mark admiraba el poder profesional del hombre y su capacidad para influir en los demás. Como muchos hijos de alcohólicos, Mark se dispuso a diferenciarse de su padre, sin embargo, lo emulaba con sus trajes cruzados, posición de poder en los negocios y comidas con bourbon doble. Cuando dejó de beber, Mark se enfrentó con esta similitud con el padre al que temía y admiraba.

Un tema al inicio de la recuperación de Mark fue verse como un profesional que no bebía. Al principio se sentía inseguro, como si "algo faltara" cuando iba a comer con clientes y no tomaba. Sentía como si le faltara un brazo o una pierna. Mark empezó a hablar sobre esta sensación con los miembros más antiguos de AA que se dedicaban a los negocios. Necesitaba verse a sí mismo a través de otros ojos; a través de estas relaciones, Mark empezó a desarrollar esta nueva óptica, es decir, aprender otra forma de vivir y de trabajar.

Al revisar este proceso, pienso que Mark satisfacía dos necesidades mediante estas interacciones con viejos hombres de negocios en AA. Era obvio que estaba adquiriendo una nueva experiencia sobre cómo vivir en el mundo sin alcohol. Al mismo tiempo, Mark tenía una relación con un "padre" desde una dinámica que jamás tuvo con el suyo. Estas relaciones crearon un fuerte vínculo entre Mark y AA. Se vio a sí mismo como parte de un grupo de hombres que vivían su vida de una forma productiva. Para Mark, la sobriedad y el apoyo social de AA eran las respuestas que faltaban en su vida.

A partir de que dejó de beber, Mark no había sentido urgencia por tomar de nuevo, lo cual es poco común en los alcohólicos que beben durante el tiempo que Mark lo hizo. Él atribuyó esto a su identificación como alcohólico, y a los cambios inmediatos que vivió al empezar a vivir según el programa de AA. Era como si hubiera regresado a los valores que había aprendido en la iglesia de niño: honestidad, justicia y asumir la responsabilidad por la propia conducta.

Mark se unió al grupo de terapia porque sentía curiosidad sobre "lo que todos ustedes hacen ahí", y porque su padrino de AA sugirió que podría necesitar algo más que las reuniones para ayudarlo en sus relaciones. Su conducta al entrar al grupo era la de tratar de ayudar a los demás dándoles consejos y contándoles sobre su experiencia. Yo trabajaba como colíder y me sentí molesto al inicio por las interrupciones de Mark al trabajo de otros miembros para darles consejos. El grupo también se sintió molesto con Mark y se lo dijo esto directamente. Él se quedó pasmado con esta retroalimentación y respondió dejando caer la cabeza y apretando la mandíbula. En ese momento, mi molestia se diluyó en una especie de dulzura por Mark. Le pregunté: "¿Qué haces, Mark?".

Levantó la vista; su rostro se había ruborizado: "estoy haciendo lo que siempre hago en los grupos. Comparto mi propia experiencia y trato de ayudar a otras personas". Mark se comportaba de la manera que se esperaba en una reunión de AA y trataba de conectarse con los demás de la mejor manera que conocía, pero era evidente que no tenía idea de cómo establecer contacto con otros fuera de ser consejero y útil. Dos de los miembros del grupo le preguntaron sobre lo que experimentaba y se quedó desconcertado. Por último, me miró y dijo: "¿qué hago?". Lo que me parecía más importante era aprovechar la oportunidad de que Mark interactuara con los demás de otra manera. Le respondí que podría preguntarles qué esperaban de él. Él parecía estar complacido con ese consejo y comenzó a plantearles a todos la misma pregunta: "¿qué esperas de mí?", como un niño probando una nueva bicicleta o una caña de pescar.

La interacción fue muy efectiva. Diana, una veterana del grupo de muchas sesiones, le dijo a Mark, "quiero que me digas qué te pasa cuando me cuentas sobre tu pasado… quiero saber tus sentimientos, no solo los eventos". Esto tuvo un gran efecto en Mark, se ruborizó de nuevo y los ojos se le llenaron de lágrimas. Habló sobre su deseo de "hacer bien las cosas y, ¡no regarla!". Concluimos el experimento al escuchar al grupo preguntándole a Mark qué había aprendido. Su respuesta era que el grupo quería de él cosas distintas de las que él había tratado de darle. Esto fue una revelación para Mark: escuchar que sus proyecciones de los demás estaban muy alejadas de la realidad. Habló de sentirse avergonzado por no hacer las cosas bien. Esto lo llevó de nuevo a su miedo de cometer errores frente a su padre, quien le gritaba cuando eso sucedía. Mis intervenciones con Mark se centraron en este sentido de sí mismo, en especial, en el excesivo valor que le había dado a cumplir con las tareas con base en cierto estándar internalizado. Era obvio que Mark estaba en la recuperación intermedia, enfocado en cómo se experimentaba a sí mismo en relación con los demás. Mi intención era alentar a Mark a que fuera reflexivo, que analizara qué pensaba de sí mismo y qué creía que los demás esperaban de él.

Mark siguió en este grupo durante un año y llegó a ser un miembro valorado y activo. Su énfasis seguía estando en qué podía hacer, en la parte de acción de su vida. Esto había sido así cuando bebía y trabajaba durante muchas horas, y era ahora la forma en que abordaba la terapia. Después de unos tres años de haber dejado el grupo, Mark me llamó para terapia individual. Ahora llevaba ocho años sobrio y necesitaba bajar el ritmo. Le habían diagnosticado presión arterial alta y se sentía cansado con frecuencia. Mark había pasado de la etapa de enfocarse exclusivamente en la acción y a lo que podía hacer por los demás, a una disposición a prestarse más atención a sí mismo, evolución típica de un hombre en sus cuarentas. También era una evolución para Mark, como alcohólico en recuperación, el que reexaminara el énfasis en su vida, de la acción a un plano más reflexivo. Es el principio de la etapa espiritual-transpersonal, y es también típico de Mark que la noticia de que tenía presión arterial alta lo hiciera considerar cambiar su foco y su forma de vida.

Debido a esta disposición personal para cambiar, se requirió muy poca intervención para ayudar a Mark a bajar el ritmo. Nuestro trabajo juntos era minimalista. Le enseñé a meditar respirando lenta y profundamente desde su abdomen y a extender su respiración. Mark llamó a este proceso "aprender a *ser* en vez de a *hacer*". Pasábamos sesiones enteras respirando juntos mientras teníamos las manos en el abdomen, para sentir cómo respirábamos profundamente. Él siguió con este proceso unos meses y de vez en cuando regresa a citas de seguimiento.

Mark es un ejemplo de un adicto que logró estar sobrio al seguir un método específico. Aprendió a hacer lo que su padrino le dijo. Con frecuencia me pedía consejo o sugerencias. Algunas veces le ofrecía conductas para que las probara, siempre seguidas de preguntas sobre lo que *él había* aprendido o experimentado. En otras ocasiones, en vez de sugerirle acciones posibles, solo prestaba atención a lo que Mark experimentaba. Al principio, esto lo confundía, pues estaba acostumbrado a seguir indicaciones, pero desarrolló la habilidad de quedarse con su experiencia y eventualmente empezó las sesiones diciendo, "ahora no te estoy preguntando qué crees que deba hacer, solo quiero hablar y ver qué surge".

Mark había pasado de introyectar de los demás, a tomar responsabilidad y quedarse con su propia experiencia y desarrollar sus propias figuras. La suya también es una transición de buscar figuras paternas a ser padre de sus propias experiencias e ideas. El foco en su vida ya no es no tomar, aunque sigue activo en AA. El foco de Mark está ahora en sí mismo como miembro de una comunidad. Claramente está en la etapa de comunidad de la recuperación, experimentándose a sí mismo como parte de una sociedad de personas. En nuestra última sesión, le dije a Mark lo impresionado que estaba de que él hubiera hecho el compromiso de volverse un Hermano Mayor para un adolescente sin padre. Me lo agradeció y me dijo: "¿Sabes? Cuando me pregunta qué pienso que debe hacer, le pregunto qué piensa, antes de contestarle".

Con mis propios ojos

Paty creció en un pequeño pueblo en el que la principal industria era la fábrica de acero. Todas las personas a las que conocía trabajaban en la fábrica y asistían a la iglesia católica. Recuerda haber anhelado la abundancia que veía en televisión. En cambio, su familia parecía estar todo el tiempo luchando para llegar a fin de mes. Nunca había dinero suficiente para nada más que lo básico en comida y ropa funcional. Paty veía televisión y leía revistas sobre Hollywood y soñaba con lo distinta que podría ser su vida.

Paty empezó a fumar cigarros con su mejor amiga cuando tenía 13 años. La sorprendieron las monjas de su colegio católico y la castigaron una semana. Esta experiencia solo sirvió para envalentonarla más; empezó a verse como una forajida, una imagen que satisfizo su deseo de ser distinta de su familia del pequeño pueblo.

Tenía 14 años cuando, al fumar después de clase, su amiga le ofreció una cerveza. Paty se la bebió en dos minutos. La sensación que pronto la envolvió dejó de lado toda su vergüenza y la hizo reír. Este era el viaje que tanto deseaba que la sacara del pueblo; se sentía sofisticada y hermosa al mismo tiempo. Durante la preparatoria, Paty bebía los fines de semana y, a veces, después de clases. No se obsesionó inmediatamente con el alcohol, pero disfrutaba la sensación que le generaba. Paty era atractiva y trabajaba después de clases en el centro comercial para ganar dinero y comprarse ropa sofisticada. Siempre se veía perfecta para los demás, con ropa bonita y comportándose como había visto hacerlo a las actrices en la televisión. Cuando bebía, sentía que podía "llevarlo a cabo" con mayor facilidad. Hizo un grupo de amigos que tomaban con ella los fines de semana; hablaban de mudarse a la gran ciudad y conseguir buenos trabajos, conducir autos lujosos y vivir en condominios elegantes. En muchos sentidos, Paty se comportaba y pensaba como una adolescente normal. Las diferencias principales eran que a ella le gustaba emborracharse y que había desarrollado un personaje que se basaba solo en su apariencia y en un comportamiento adquirido para interactuar con los demás.

Paty cumplió su sueño y se mudó a la ciudad después de la preparatoria, primero para ir a la universidad y después para trabajar como asistente jurídico en una firma de abogados. Empezó a consumir marihuana en fiestas y pronto empezó a consumir alcohol o marihuana todos los días. Para ella, estas drogas servían como el lubricante social que le permitía sentirse sofisticada y fuera de un pequeño pueblo. Paty se involucró en una serie de relaciones con hombres, sobre todo profesionistas, que le daban más la apariencia de mujer exitosa de alto nivel. Nunca pudo sentirse de esta manera cuando no estaba drogada, así que empezó a consumir de manera más frecuente. Estas relaciones a menudo terminaban cuando Paty se daba cuenta de que no le gustaba mucho el hombre. Se sentía cómoda pero siempre diferente, desconocida para las parejas que se conseguía. Era como si anhelara más que la meta que había alcanzado. Quería ser ella misma, pero se sentía aterrada de arriesgarse. El volumen de alcohol aumentó y empezó a usar cocaína además de su dosis diaria de marihuana.

Durante este periodo de su vida, Paty se mudó en tres ocasiones a distintas casas hermosas. En la última casa, ella y su nuevo esposo invirtieron grandes cantidades de dinero para redecorarla. La noche en que se mudaron a esa casa, el esposo de Paty la encontró borracha en el piso de la cocina, llorando por sentirse vacía. Esa noche él se sorprendió, pero en los tres años que duró el matrimonio, cada vez se sorprendía menos. Se había enamorado de la persona que Paty aparentaba ser, y ella no lo había dejado ver nada más que la fachada tan practicada que había creado. Para cuando se divorciaron, Paty bebía mucho y a diario. Cuando estaba intoxicada, ya no reprimía sus sentimientos, sino que empezaba a expresar su verdadera tristeza, enojo y soledad. A menudo hacía viajes a su pueblo de origen para sentirse "cómoda", pero siempre con una botella o con una provisión de marihuana a la mano.

Paty tocó fondo cuando no pudo seguir bebiendo todo lo que necesitaba para disminuir la privación. Había llegado al punto en el que se ponía ansiosa si pasaba una hora sin alcohol. Se las ingenió para obtener una receta de tranquilizantes con el fin de mantener el equilibrio, pero la arrestaron por conducir en estado de ebriedad una tarde en la que había bebido y tomado pastillas. Tras su arresto, llevaron a Paty a un hospital en el que entró en abstinencia de alcohol. Esta fue una enorme sorpresa para ella, aun cuando había sido bebedora a diario durante 10 años. Empezó a asistir a reuniones de AA en el hospital alentada por su médico y se identificó como alcohólica. Para Paty, la recuperación empezó como una necesidad fisiológica; ya no podía beber la cantidad necesaria para evitar los síntomas de la abstinencia. Seguía sin darse cuenta de su problema, tal vez porque ser alcohólica no encajaba con la imagen que se había creado de sí misma, años atrás, como adolescente.

Pronto Paty se volvió miembro activo de AA y continuó en abstinencia unos 18 meses. En AA, Paty gravitaba hacia los hombres y ellos, hacia ella. Siguió con su patrón para relacionarse con los hombres como fachada para su experiencia interna de vergüenza e inadecuación. Se fue a la playa con un amante y, cuando él le ofreció un cigarrillo de marihuana, se lo fumó rápidamente. Paty siguió en esta relación un año más; en ocasiones asistía a las reuniones de AA, pero continuó con el consumo de marihuana a diario. Su conducta la hizo sentir deshonesta, pero siguió tratando de mantener los pies en ambos mundos. Fuera de asistir a una pocas reuniones, Paty tenía poco contacto humano, excepto con su amante y algunos pocos compañeros drogadictos.

Más tarde, la relación terminó y Paty regresó a AA. Esta vez se relacionó con mujeres que eran miembros del programa, y estas relaciones tuvieron un enorme efecto en su sentido del *self*. Al principio, se sintió asustada y enojada por no tener idea de cómo acercarse a las mujeres; se había acostumbrado a una forma de comunicarse menos directa con los hombres. Pero después de un tiempo, Paty empezó a tener las primeras conversaciones profundas sobre sí misma. Antes, ella se había conformado con permitir que los hombres se proyectaran sobre ella y su atractiva apariencia, sin interés mutuo en que ella hablara sobre cómo se sentía. Esta vez ella estaba en sistemas interpersonales en los que el foco estaba en establecer contacto con el *self*. Así, Paty empezó a hablar de su verdadera experiencia de sí misma, en vez de simplemente proyectar su sofisticación adquirida; hablaba de su sentido de inadecuación y sus sentimientos de estupidez. Aunque su sentido de sí misma no concordaba con lo que otros percibían, lo importante era que Paty lograba expresar estos sentimientos por primera vez en su vida. Por recomendación de su padrino de AA, Paty no tuvo relaciones sexuales con hombres durante un año. Para ella, este periodo fue de un importante crecimiento, cuando se enfocó en sí misma más que en cómo la veían los demás.

Después de nueve años de recuperación, Paty empezó a asistir a terapia de nuevo por consejo de su padrino. Estaba deprimida y a los 39 años se sentía vieja. La relación era importante para ella pues me eligió a mí, un terapeuta hombre, lo que le daba la oportunidad de establecer nuevos límites con los hombres. La tarea para Paty consistía en definirse en relación con otro, a quien percibía como más competente que ella misma. Yo apoyé su exploración, pero fui muy claro en cuanto a que estaba interesado en su experiencia interna. Durante este trabajo, Paty empezó a reexperimentar el enojo y la vergüenza que había sentido de niña, al asistir a la iglesia con ropa vieja y con la necesidad de robar para comprarse cosas. Ella tenía problemas económicos de nuevo y miedo sobre cómo salir adelante. Le pregunté cuál sería el problema con eso, y Paty respondió que no podría hacerlo. Le cuestioné sobre cómo había logrado llegar hasta donde estaba y esto nos llevó a varias sesiones en las cuales exploró su propio autoapoyo. A menudo se estancaba y me preguntaba: "¿qué debo hacer... qué debo pensar?". En general, le sonreía y le decía algo como: "¿qué te hace pensar que mis decisiones son mejores que las tuyas?". Paty se enfurecía conmigo por no ayudarla, lo que nos llevó al enojo con su padre por no ocuparse de ella cuando era niña, por haberse bebido la mayor parte de su sueldo. En gran medida su trabajo en terapia se enfocó en su enojo hacia su padre, hacia los hombres y, muchas veces, hacia mí. Mi postura de quedarme con ella cuando se enojaba creaba un límite claro frente al cual experimentarse a sí misma como comprometida con otro. Tal interacción era una experiencia importante para ella; después de 10 años de recuperación, podía permitirse a sí misma sentir su enojo.

Tres años después de este proceso, recibí una tarjeta de Paty en su nueva empresa, una compañía de *catering* que ella y una amiga habían creado. Estaba emocionada por su nueva compañía; sentía que se había vuelto exitosa y bromeaba conmigo respecto a que a veces iba al trabajo sin maquillaje, o incluso sin haberse lavado el pelo. Había mantenido su abstinencia durante más de ocho años seguidos.

Paty es un ejemplo de una mujer que necesitaba dejar de consumir drogas para mejorar su vida. Otro cambio que llevó a cabo fue el de examinar sus relaciones interpersonales, y determinar si apoyaban o no su propio desarrollo. La relación de tutelaje con su madrina de AA le ayudó a desarrollar una nueva visión de cómo interactuar. Para ella, dejar de beber y consumir drogas no era tan difícil como mantener la abstinencia. Para hacer esto, necesitaba tolerar los sentimientos que había desensibilizado mediante las drogas y a través de la admiración de otros, sobre todo, de los hombres. Desarrolló límites claros —primero con las drogas y después con otros— una tarea que la ayudó a desarrollar un sentido de su propia identidad como mujer, más que verse a sí misma a través de los ojos de los hombres.

Paty acudió a terapia cuando llegó a un punto muerto en su recuperación y en su vida, que era la atemorizante aceptación de que estaba envejeciendo y se veía diferente. Con ayuda de la terapia, fue capaz de hacer el trabajo de la etapa reflexiva de la recuperación: prestarse atención a sí misma con cierta perspectiva más allá de su sensación inmediata.

En esto, a largo plazo

Agnes logró estar sobria a los 45 años, después de 25 años de beber en exceso. Había logrado mantener cierto prestigio en su comunidad y un matrimonio con dos hijos. Su familia inmediata y sus amigos se sintieron aliviados cuando dejó de beber. Cuando estaba tomada, su conducta era difícil de sobrellevar para quienes la rodeaban; sin embargo, el esposo de Agnes siguió bebiendo, lo que creó un conflicto en su estilo de vida. Ellos habían sido compañeros de bebida, amigos que partían por largos periodos en "viajes en auto". Ella ingresó a una unidad de desintoxicación que le permitió dejar el alcohol de manera segura, y eso la llevó a Alcohólicos Anónimos. Después de dejar la unidad de desintoxicación, Agnes empezó a asistir a reuniones de AA, que también interferían con su tiempo para su esposo. Debido a que ella ya no bebía, su esposo se vio forzado a seguir con sus juergas solo. Agnes empezó a involucrarse en la vida de sus hijos: a asistir a reuniones con los profesores, regresar a la iglesia y a la escuela dominical, e incluso se ofreció como voluntaria en los scouts. Más adelante dijo acerca de estas experiencias: "me aburrían hasta las lágrimas, pero sabía que necesitaba retribuir a mis hijos".

Conforme Agnes hacía más por su cuenta, sin su esposo, se sintió más competente y le pidió cada vez menos consejo. Aunque para ella esto representaba una experiencia empoderadora, constituía una diferencia más en su matrimonio. Su esposo se volvió cada vez más crítico y enojado con ella cuando tomaba. La sobriedad de Agnes y su recién alcanzada independencia eran demasiado para él. Después de varias peleas y discusiones, su esposo pidió el divorcio y ella no objetó. Su matrimonio había sido un sistema cerrado que funcionaba mejor cuando ambos participantes estaban intoxicados y lejos de las estructuras sociales y las responsabilidades cotidianas.

Desde la perspectiva de la adicción, el esposo de Agnes no podía tolerar su abstinencia; hacía que su constante consumo de alcohol fuera más obvio. No solo había perdido a su compañera de bebida, sino que también estaba constantemente expuesto a alcohólicos que no bebían. Una vez que Agnes dejó de tomar, tenía muy poco en común con su esposo y prefería utilizar su energía para desarrollar intereses comunes con otros. Agnes nunca se volvió a casar; crió a sus hijos como madre soltera. Su esposo murió debido al daño hepático causado por el alcohol.

A medida que Agnes empezó a establecer mayor contacto consigo misma y con los demás, el sistema de su matrimonio se volvió menos importante para ella, y se sentía más segura en su capacidad de vivir por su cuenta. A veces se sentía nerviosa o asustada, e incluso pensaba en cómo una copa la podría hacer sentir mejor. Pero aprendió a "pensar a través de la bebida", es decir, a pensar en la acción de tomar hasta la conclusión que le era familiar y preguntarse: "¿qué pasaría si bebo un trago?". Ella cumplió con la tarea de retroflexión casi de inmediato en la recuperación.

Agnes se unió a un grupo de terapia para adictos en recuperación en su primer año. El foco de este grupo estaba en brindarse apoyo mutuo y aprender a interactuar socialmente sin alcohol ni drogas. La intervención principal del terapeuta del grupo consistió en ayudar a Agnes a que se enfocara en sus sentimientos de enojo, miedo y tristeza, sentimientos que había adormecido durante años. Ella fue capaz de hacer este cambio gracias al apoyo de miembros del grupo que luchaban con la misma tarea. El tema principal que surgió con Agnes fue su miedo a las personas. Cuando se encontraba con otros, a menudo experimentaba una mezcla de emoción y ansiedad por lo que anticipaba que podría pasar. Como muchos adictos en recuperación, Agnes imaginaba y se preocupaba por cómo podría reaccionar el otro a una conducta en particular. Trabajar en el grupo le permitió sentir esos sentimientos y experimentar el *verdadero resultado* de una interacción. Cuando bebía, simplemente se medicaba para no sentir el temido resultado o evitaba la interacción. En la cúspide de cada interacción, sentía una punzada de vergüenza, por lo que otro efecto de su trabajo en grupo era que Agnes identificara y disminuyera esta sensación de vergüenza.

Agnes siguió sobria y asistía a reuniones de AA, pero aún se sentía insatisfecha. Había terminado la universidad de joven pero, sobre todo, como una función social. Ahora, sin embargo, sentía ganas de hacer algo con su vida. Después de cinco años de sobriedad, a los 50 años, Agnes entró a un programa de maestría en administración de empresas (MBA, por sus siglas en inglés). Aunque seguía involucrada en AA y cuidaba de sus hijos, terminó el programa a tiempo. Vio esto como un gran logro en su vida: "Yo era más que la esposa de alguien o la hija de alguien… Era una mujer de negocios profesional". Es evidente que Agnes no había desarrollado su propia identidad profesional, como tampoco un sentido de sí misma como madre hasta que dejó de beber.

Para las mujeres no es raro que la identidad profesional se desarrolle más tarde. Una influencia que ha sido señalada por Sheila Blume es la de los roles basados en el género y la identidad social. Para Agnes, este era el caso. Ella dijo: "nunca me había imaginado trabajando... yo pensaba que me casaría y eso sería todo". Lo que facilitó esta lucha fue su regreso a terapia, terapia individual con una terapeuta mujer. La terapeuta, de manera consistente, le preguntaba por sus intereses profesionales, lo que hizo que Agnes tomara consciencia de que, en realidad, sí tenía intereses profesionales.

Sin duda, la bebida había influido en su identidad, así como la relación colusoria con su marido para beber. Cuando Agnes dejó de beber y su esposo siguió haciéndolo, ella se vio obligada a diferenciarse. Sus propias necesidades y deseos se convirtieron en figura, se volvieron más importantes para ella. El alcohol y otras drogas amortiguaban su darse cuenta, como lo hacían ciertos tipos de relaciones. El desarrollo de Agnes como mujer profesional (en casa y fuera de ella) surgió cuando dejó estos patrones desensibilizantes. Así describió después esta experiencia: "cuando estuve sobria, desperté a muchas cosas... mi vida... mis hijos... mi matrimonio. Y no me gustaba mucho de aquello a lo que había despertado".

Cuando Agnes mantuvo su sobriedad y continuó activa en AA, se volvió mentora de jóvenes mujeres alcohólicas. Este proceso se produjo de manera gradual y empezó en su quinto año de recuperación. Ellas la veían como ejemplo de una mujer madura en recuperación. Esto se volvió parte importante de su vida, hablar con esas mujeres y aconsejarlas para que se restablecieran después de beber. En muchos casos, Agnes fue capaz de apoyarlas y guiarlas para que fueran a la universidad o estudiaran un posgrado y tuvieran una profesión. Así, era capaz de darles a otros lo que a ella le habían dado: guía y visión. Esta es una de las etapas de largo plazo en el desarrollo para los adictos, así como para los adultos en el desarrollo posterior. En contraste con su vida como bebedora, que no estaba enfocada en los demás, en la recuperación Agnes se interesó cada vez más en la vida de los demás, un interés que representaba la etapa intermedia de la recuperación; a medida que Agnes se involucraba más en el mundo que la rodeaba, se vio a sí misma cada vez más como parte integral de una comunidad de mujeres.

Agnes había sido criada en una familia formal religiosa, pero como ella misma decía, únicamente había seguido con la inercia. Después de unirse a AA, empezó a rezar y a meditar, al principio para hacer a un lado su deseo de beber. Con el tiempo, empezó a sentirse conectada con sus plegarias y su meditación y reformuló sus creencias espirituales de una manera distinta. Ella siempre había visto a Dios como una figura crítica masculina; sin embargo, para cuando llevaba 10 años sobria, su imagen de Dios cambió a la de una presencia espiritual benigna que la guiaba.

Cuando conocí a Agnes llevaba como 15 años sobria. Me impresionó su sentido del humor irónico y su disposición para hablar de manera franca, su estilo directo y la forma en que estaba dispuesta a aprender de los demás. Trabajamos juntos en una agencia y aunque yo era 25 años menor, ella a menudo me preguntaba lo que pensaba. Recuerdo haberle preguntado sobre su apertura y se rio. Después de una larga pausa, me dijo: "bueno, ¿de qué otra manera puedo aprender algo nuevo?".

Agnes llevaba 20 años sobria cuando ocurrieron dos eventos que moldearon aún más su punto de vista espiritual. Su hija única murió en un accidente de auto a los 30 años, dejando a sus dos niños y a su esposo. Agnes había sido una abuela involucrada durante cinco años, pero la pérdida de su hija fue un catalizador para pasar más tiempo con sus nietos. Su experiencia era de un dolor inmenso que al principio la hizo cuestionar gran parte de su vida; entonces regresó a terapia para lidiar con esta pérdida. De acuerdo con ella, "trabajé en mucho más que mi pérdida. Mi terapeuta me preguntaba continuamente qué podía sacar de esta experiencia". Su terapeuta se enfocó en la tarea de la recuperación de reflexión y trascendencia. La pérdida de Agnes se enmarcaba en el contexto de una recuperación madura, basada en su capacidad de apoyarse a sí misma y de buscar y hacer uso del apoyo de los demás. Si esto hubiera ocurrido en la recuperación inicial de Agnes, cuando aún no desarrollaba las funciones de retroflexión y flexibilidad en los límites, el foco del terapeuta hubiera sido en cómo podría sobrevivir Agnes esta pérdida sin beber. Cuando ocurrió la tragedia, ella había pensado en beber, pero no lo hizo. Fueron solo pensamientos pasajeros; Agnes seguía involucrada en AA y apoyó a su familia en esta crisis. En cierto sentido, ella era capaz de trascender sus propios sentimientos al ver el sistema más amplio que la rodeaba: sus nietos, sus amigos y su familia.

Como sucede con cualquier vida, la de Agnes tuvo un capítulo final, su última Gestalt. Tenía 25 años sobria cuando supo que padecía una enfermedad renal. Tomó esto con la gracia y el valor con el que había sobrevivido a su divorcio, a la muerte de su hija y a otras pérdidas. Aprovechó al máximo el tiempo que le quedaba: continuó involucrada con otros alcohólicos y con su familia. En cierto punto de su sufrimiento, dijo: "ya tuve suficiente". Poco tiempo después de esto, Agnes murió, tras 27 años en recuperación. En cierto sentido, su vida era lo que ella se había propuesto desarrollar, cultivar y ampliar después de que dejó de beber. Ella había crecido en la recuperación, salido de su foco en sí misma y abrazado al mundo. Mi última conversación con Agnes fue por teléfono a su cuarto de hospital. Ella era aún clara y directa conmigo. Hablamos sobre este libro y sobre sus nietos. Cuando le pregunté cómo iba, me respondió con su característica claridad: “Michael... estoy lista para que esto termine... he vivido una buena vida”. He pensado en su última afirmación y entre mis lágrimas y sentido de pérdida, me siento impresionado ante su integridad y honestidad.

Presento la historia de Agnes al final del capítulo porque es un ejemplo de una adicta que pasó por las etapas de recuperación. Agnes prestaba atención, de manera consistente, a sus propios límites con el alcohol, pero sin quedarse fija en ese punto. Iba más allá de sí misma para reconectarse con su propia familia y con otros sistemas en su vida. En cierto sentido, ella había creado una nueva familia o sistema con otras mujeres de Alcohólicos Anónimos.

Redefinir su identidad como una mujer era una parte importante en la recuperación de Agnes. A medida que desarrolló relaciones más colaborativas, cambió su visión de sí misma. En la recuperación, Agnes empezó a reflexionar sobre sí misma como distinta del rol para el cual había sido criada y en términos de las posibilidades que podría emprender. De manera similar, su desarrollo espiritual no se basaba en los introyectos de lo que los demás le decían, sino en su propia integración del pasado y en la práctica disciplinada.

Estos individuos venían de contextos muy distintos. Algunos de ellos tenían altos niveles de educación y relaciones vigentes al momento de su recuperación. En cuanto a sus familias, algunas podían ser un gran apoyo y otras, desinteresadas y poco solidarias. Sus temas de desarrollo en la recuperación podían ir desde la autoestima hasta la identidad sexual, la identidad profesional o las luchas espirituales.

Un punto inicial para todos ellos era identificar su incapacidad para manejar el alcohol o las drogas después de un tiempo de tratar de controlar su consumo. Este era el principio de su recuperación: identificar la adicción como evitación de la sensación, y la recuperación como restablecimiento de la sensación y de la capacidad de ir más allá de la sensación. Donna y Mark pasaron por las etapas iniciales de identificarse como adictos y establecer límites más firmes con respecto al alcohol y las drogas. Para ellos, el reto en la recuperación era relajar sus límites para recibir más de los demás, confiar más, involucrarse más y permitir que los otros los apoyaran. Para cumplir con estas tareas, ellos tenían que reconocer sus miedos y sus dudas y dejar ir la necesidad de tener una respuesta programada para todo. En cierto sentido, ellos tenían que ir más allá del ritual y la repetición para experimentar las distintas variedades de sus propias experiencias y de las de los demás.

Agnes no confiaba en su propia capacidad para trabajar en una profesión. Este tema constituyó una tarea importante en su recuperación, tanto como competencia interpersonal como de cooperación. Mark luchaba por aceptar la experiencia de bajar el ritmo y tolerar un ritmo de vida que antes hubiera considerado aburrido. Tanto Roberto como Paty tenían una sensación de vergüenza en su recuperación. Esta sensación y al mismo tiempo la falta de confianza, influyeron en su estilo de contacto y en la forma en que organizaban su campo interpersonal. Fue solo al nombrar y experimentar esta vergüenza cuando fueron capaces de involucrarse en un campo interpersonal más amplio. El desarrollo de habilidades de contacto en terapia, tales como bajar el ritmo y anclarse, enfocarse en el ambiente y desarrollar límites más claros, ayudó a estos adictos en recuperación a cambiar la forma en que organizaban su mundo. En terapia, estos clientes crearon un campo distinto en el cual explorar estos temas.

Estos ejemplos de casos son de adictos con un tiempo considerable en recuperación. Ilustran las etapas y tareas de la recuperación. En el siguiente capítulo, describo algunos asuntos específicos de las personas que se recuperan durante largos periodos.

Capítulo 6. La recuperación a largo plazo: El horizonte en expansión

La recuperación, tal como la he definido, es un proceso de desarrollo no uno cronológico. Un adicto puede estar en abstinencia durante 20 años y seguir en la primera etapa de la recuperación, otro puede pasar a la tercera fase en menos de 10 años. Este capítulo se enfoca en la recuperación a largo plazo y su relación con las etapas definidas de la recuperación, en especial la recuperación en la segunda y tercera etapas. Como se señaló en el capítulo 4, en la tercera etapa es la continuación del desarrollo de las habilidades del adicto para establecer contacto y de sus capacidades para incluir sistemas más amplios de interacción. Implica las tareas de reflexión y contemplación y de trascendencia. Un aspecto clave en la tarea de reflexión y contemplación es la identidad del adicto en recuperación como un fenómeno relacionado con el campo. A lo largo del resto de la recuperación, sin embargo, pueden pasar por tareas previas en un nivel más profundo como parte de su crecimiento. Por ejemplo, al reflexionar sobre sus roles en las relaciones, pueden volver a trabajar en las competencias interpersonales en esas relaciones. Tal integración es muy común; muchos adictos en recuperación a largo plazo se involucran en la meditación y revisan su vida. La terapia también puede ser un catalizador para ese regreso, así como un foro para explorar estos asuntos. En la recuperación a largo plazo, los individuos suelen verse forzados a explorar aspectos de su identidad personal y profesional.

Las descripciones de adictos y su integración de aspectos de la identidad tienden a compartir continuidades o polaridades en las elecciones existenciales inherentes a la recuperación durante la tercera etapa y el largo plazo. El proceso del adicto de elegir vivir en recuperación a través de esta continuidad suele ser la tarea y el contexto de la terapia.

La decisión fundamental en la recuperación a largo plazo, como en cualquier ámbito de la vida, es si los adictos siguen expandiéndose a sí mismos y su campo interpersonal, o si mantienen su *self* y su campo interpersonal estáticos. Al trabajar con adictos ¿por qué referirse a sus experiencias después de 15, 20 y 25 años de abstinencia como recuperación? ¿Por qué no simplemente llamarlas experiencias de vida o crecimiento personal? Creo que las experiencias de crecimiento y las vidas de los adictos tienen un sentido y un proceso particular. La experiencia de vida de cada uno después de la abstinencia es única, y está inmersa en el alejamiento concreto de ese individuo de la intoxicación y su expansión del campo interpersonal.

El énfasis que se pone en el adicto como alguien en recuperación es reciente y se fundamenta en dos aspectos de la experiencia de postabstinencia. Muchos especialistas en el tratamiento y miembros de AA y NA empezaron a usar el término "en recuperación" para recalcar la creencia de que un adicto no puede volver a beber o a consumir nunca; que no existe otra cura que la que se basa en la abstinencia. Fingarette y otros teóricos que citan investigaciones, sugieren que podría no ser este el caso siempre, que algunos alcohólicos pueden beber con moderación. Esta información quizá está relacionada con el sobrediagnóstico de la adicción en casos de abuso de sustancias, pero no de dependencia. Mi experiencia clínica ha sido que los adictos que vuelven a consumir, a menudo son capaces de hacerlo con moderación, solo durante un periodo. Sin embargo, en algún momento, el verdadero adicto regresará al ciclo de la adicción. La importancia de mantener la recuperación del adicto como un proceso continuo parece depender de que este se dé cuenta, sea consciente, de su propia limitación.

Mi experiencia clínica ha sido la de trabajar con docenas de personas que olvidan y vuelven a consumir. He asistido a funerales de adictos que mueren por sobredosis y conozco a muchos alcohólicos que pierden el hígado por haber recaído en el alcohol. La especulación teórica sobre los adictos que vuelven a consumir tiene que ponderarse con estas experiencias. También he trabajado con algunos llamados alcohólicos que beben periódicamente durante años sin ningún problema considerable. Mi propia postura es nunca alentar a nadie a beber o consumir de nuevo, sino lidiar con esta experiencia cuando —y si— la persona regresa a tratamiento. Para un verdadero adicto, el proceso y el progreso del abuso y sus consecuencias regresarán y podemos esperar que esa persona busque ayuda.

La pregunta más relevante sería por qué los profesionales necesitan apoyar la bebida o el consumo. ¿Acaso beber o consumir drogas recreativas son habilidades sociales necesarias? Aunque existen muchos adictos que evidentemente son falsos-positivos, como cultura sentimos incomodidad frente a las limitaciones. La adicción es una limitación, pero con el tiempo, no debe restringir o limitar el funcionamiento social, educativo o interpersonal. La única limitación para los adictos es su incapacidad para controlar el consumo de drogas y alcohol.

La recuperación como un proceso continuo

En términos de la noción gestáltica de desarrollo de la figura, hablamos de cierto darse cuenta que se hace figura, se contacta y después se cierra. En el cierre, este darse cuenta se vuelve parte del fondo o del contexto existente para la siguiente figura. Lo que es contexto ayuda a dar forma a nuestras experiencias en el futuro. Para los adictos, el potencial para regresar al consumo de drogas parece seguir como parte del fondo. Esto es normalmente cierto a medida que salen del mundo y consiguen un periodo de sobriedad. Darse cuenta está en el fondo del adicto, de la experiencia que la adicción le da a su vida un nuevo tono. Es posible que hayan tenido la experiencia de haber estado a punto de morir o de haber visto a otros morir por la adicción y por eso sean más conscientes de la fragilidad de la vida. Al haber mentido con frecuencia, ahora pueden estar más sensibilizados para la verdad, o al haber llegado muy lejos para consumir drogas, pueden apreciar la variedad de la conducta humana. El pasado del adicto, tomado como pieza del contexto del día a día, constituye un rico fondo de experiencia y una especie de sabiduría innata.

Una cualidad importante de la recuperación es la forma en la que el adicto individual carga su pasado en su darse cuenta. Si los adictos no recuerdan cómo consumieron la droga, cómo se sintieron con respecto a sí mismos, o cualquiera de las múltiples consecuencias de consumir, pueden volver a beber o a ingerir de nuevo, convencidos de que esta vez son distintos. Está claro que olvidar es distinto de agarrarse a un darse cuenta en el fondo personal. En contraste, si la adicción siempre está en primer plano en el momento de darse cuenta de la persona, entonces otros aspectos de la vida quedan relegados. Un adicto así desarrolla menos su darse cuenta de los demás. La adicción se vuelve un proceso obsesivo en el que la misma preocupación surge todos los días. Este tipo de patrón genera un campo empobrecido, uno en el cual los adictos en recuperación pueden sentirse aburridos o con opciones limitadas. También puede llevar a sentimientos de desesperación y de cinismo, y entonces el individuo solo puede ver a las personas y sus experiencias a través del lente de la adicción. Recuerdo a un viejo adicto a la heroína, Sid, que percibía la conducta de todos como una forma de engaño o de "superar". Incluso después de un año de recuperación no podía creer que alguien pudiera decir la verdad u ofrecer algo sin esperar otra cosa a cambio.

Otra razón para utilizar *en recuperación* es para poner el énfasis en toda la vida del adicto, en vez de enfocarse solo en el tema de los límites con las drogas. Como he descrito antes y como ilustran los ejemplos de casos, la droga es solo un método de automodulación que se salió de control. Con el lenguaje de AA, la bebida (droga) es solo un síntoma del problema. Terence Gorski y Marlene Miller describen la meta primaria de la recuperación como "aprender a vivir una vida significativa y cómoda sin consumir drogas o alcohol". Las historias presentadas en este libro, así como la bibliografía, apoyan la idea de que la recuperación en buena medida tiene que ver tanto con el desarrollo personal, como la sanación con la abstinencia. Esto representa una serie más amplia de tareas de recuperación: desarrollar las capacidades del adicto de contactar con el *self* y con el mundo. Al desarrollar las capacidades para el contacto y expandir el campo es cuando el adicto en recuperación se desarrolla.

Desarrollo de la identidad

A medida que los adictos permanecen sobrios por más tiempo, existen variaciones en ellos en cuanto a la secuencia y la aparición de ciertos temas relacionados con la identidad. Muchos adictos pueden haber ya resuelto o desarrollado algunos aspectos de su identidad antes de consumir alcohol o drogas. Algunos de estos son temas de vida, vividos de manera distinta entre los individuos a través de los años, y que evolucionan conforme los adictos recuperan una existencia más plena. Como dijo uno de los adictos que fue entrevistado después de 22 años de recuperación: "quién soy, cuál es mi propósito… esa es la gran pregunta". Los temas de identidad descritos aquí son típicos para algunos adictos en recuperación a largo plazo, y ejemplifican las tareas de reflexión y contemplación y de trascendencia.

La identidad como un proceso de experiencia y reflexión

La identidad se entiende como la manera en que nos experimentamos y cómo pensamos acerca de nosotros mismos a través del tiempo. Es parte de nuestro fondo, que solo llegamos a conocer en el límite de nuestro contacto con los demás. Definimos nuestras identidades en términos de conductas o actividades, así como a través de nuestra asociación con ciertos grupos. Esta identidad puede cambiar dependiendo de en qué grupo estamos en determinado momento. Yo creo que existen ciertas creencias generalizadas que tenemos sobre quiénes somos, nuestra identidad. Es posible que anunciemos esta identidad cuando hablamos sobre nosotros mismos, "soy el tipo de persona que" o "soy…". Al presentarnos, ¿qué es lo primero que decimos a los demás? Decimos: "soy un alcohólico en recuperación, o ¿soy psicólogo?, ¿tengo dos hijos?, ¿soy Leo?". Lo que decimos o creemos sobre nosotros mismos es lo que identificamos como "yo". Desde esta perspectiva, la autoestima se define como la forma en que valoramos nuestra creencia de quienes somos.

Los adictos que están orgullosos de su recuperación y de los cambios que han llevado a cabo en su vida podrían sentirse complacidos cuando piensan en "yo" como adicto en recuperación. Por el contrario, otros podrían sentir vergüenza e incomodidad social cuando se ven a sí mismos como adictos. Pueden también tener introyectos de los demás sobre lo que significa ser un adicto, lo cual puede ir desde juicios morales y desprecio en un extremo, hasta romantizar y admirar al otro. Parte del trabajo a largo plazo para estas personas es integrar *su* experiencia de sí mismos. Estos sentimientos o valores están, sin duda, incorporados en el contexto social en el que viven.

Los terapeutas tienen, con frecuencia, una actitud distinta de la del adicto hacia esta identidad. A menudo esta diferencia es una proyección o atribución de lo que el terapeuta sentiría si él fuera identificado como *adicto*. A veces, cuando el terapeuta es también un adicto en recuperación, quien recibe el tratamiento podría tener que diferenciarse de la experiencia del terapeuta.

Recuerdo a un colega que le gustaba describirse a sí mismo alegremente como "un alcohólico en recuperación agradecido". Tal vez sí se sentía de esa manera, pero a menudo sus clientes no se sentían así. Un adicto que había estado en recuperación durante 10 años le respondió una vez que a veces se sentía agradecido, otras triste, resentido o bendecido. Este cliente fue capaz de integrar su propia experiencia en vez de sentir que tenía que ajustarse a la del terapeuta.

Para los adictos, el sentido del *self* ha estado entrelazado con estar intoxicado o con esperar intoxicarse o con recuperarse de la experiencia. Este proceso está tan generalizado que a veces no se dan cuenta de quiénes son si no están tomados. Cuanto más consume el adicto, más se verá a sí mismo de esta manera. Se vuelve parte de su fondo, parte de "quién soy". El *self* se experimenta de una forma desensibilizada y retirada. Otros aspectos de la vida y del *self* (relaciones, educación, profesión y vida espiritual) se desplazan cada vez más debido al consumo de las drogas. Quién soy se vuelve cada vez más y más pequeño. A menudo, en la recuperación inicial, los adictos preguntan: "¿qué hago si no bebo o consumo?".

A medida que el adicto permanece sobrio durante periodos más largos, los pensamientos sobre las drogas y el deseo de consumir se vuelven menos dominantes en su vida. Hay espacio para que ellos experimenten el *self* de otras formas. Es la restauración de la vida y de la función de contacto que ocurre en la recuperación. En resumen, somos lo que hacemos, con quién estamos y dónde hemos estado. Si cambiamos lo que hacemos y llegamos a aceptar y a terminar con dónde hemos estado, entonces nuestro sentido de quiénes somos, cambia. Este cambio ocurre cuando el adicto completa ciclos y asimila nuevas experiencias. El fondo del *self* se reconfigura como un caleidoscopio que cambia en las manos de quien lo usa; las formas de interacción crean un nuevo todo. Así sucede con los adictos en recuperación que cambian su entendimiento del *self* y contactan con otros y crean nuevas imágenes en este proceso.

Monje en recuperación

Algunos adictos en recuperación a largo plazo parecen no desarrollar identidades personales distintas de "soy un alcohólico". El ejemplo más notorio de esto era un hombre que conocí que se identificaba a sí mismo como "soy el alcoholismo y mi nombre es Bob". Cada vez que lo escuchaba describirse en esa forma, sentía curiosidad sobre qué más sabía sobre sí mismo. También me impresionó la forma en la que Bob se describía como ejemplo de un síndrome, más que como una persona que también era alcohólica.

Pero el caso de Bob es común, aunque esta autodescripción es extrema. Muchos adictos en recuperación se identifican a sí mismos exclusivamente en términos de su adicción. Estos adictos a veces ni siquiera hablan con personas que no están en recuperación. Viven su vida en los 12 pasos —que es distinto de acudir a reuniones o a terapia para recibir apoyo para vivir *fuera* de las reuniones—. Al consumir, el adicto se asocia con otros adictos que consumen o con aquellos que no toleran el consumo de drogas. En la recuperación, mucho después del punto de identificarse y desarrollar un plan para permanecer sobrios, algunos adictos en recuperación, como Bob, se asocian exclusivamente con otros adictos en recuperación, como si vivieran en un monasterio aislado, dedicados a la adicción y la abstinencia. Los cambios significativos se posponen o nunca se experimentan en este estilo de vida monástico y estrecha identidad personal. El adicto monástico sigue organizando su vida de manera inversa, en espejo, a la de la adicción activa: todas las relaciones y significados son importantes en relación con las drogas, en este caso, con la abstinencia de las drogas.

En mi práctica, estas personas a menudo llegan a terapia con dificultades en sus relaciones debidas a su falta de atención y de compromiso con los demás. Me he encontrado a mí mismo concentrado en ayudar a esos adictos y a sus parejas o familias a que atiendan los aspectos descuidados de sus vidas: relaciones interpersonales, intereses en expansión y formas de interactuar. A menudo noto las partes del caleidoscopio que faltan en el cuadro.

Por ejemplo, Fred y Jane llegaron a terapia como pareja porque se sentían aburridos y experimentaban poca emoción en su vida, una queja bastante común. Cuando les pedí que hablaran sobre lo que hacían, todas sus descripciones eran de actividades separadas. Ella era una adicta en recuperación que trabajaba y asistía a reuniones, y él había desarrollado una vida aparte. Tenían poco en común. En cierto sentido, su vida sobria era un espejo de su vida cuando consumían, con la excepción de las drogas; cada uno hacía su propia vida. Jane tenía miedo de "salirse del programa"; Fred no tenía ninguna intención de asistir a las reuniones. Para sentir cierta emoción compartida, necesitaban desarrollar intereses en común fuera del programa de 12 pasos. Fueron capaces de explorar los miedos de ella y de desarrollar intereses que no excluían su participación en las reuniones de AA, pero que sumaban a esta importante parte de su vida.

Este es un escenario frecuente. Muchos adictos en recuperación se quedan fijos en mantener un límite que apoye su abstinencia y su *self*, a menudo con exclusión de sus familias. Es evidente que el esposo en este ejemplo también obtenía ganancias de su relación bifurcada; podía seguir sus propios intereses sin negociar con su pareja. Todos los procesos que involucran grupos de personas se mantienen y son funcionales gracias a todos los integrantes del sistema. En cooperación con el distanciamiento del esposo, la pareja en recuperación seguía identificándose a sí misma con los programas de 12 pasos y no con su relación.

Identidad interpersonal

Desde una perspectiva gestáltica, nuestro sentido del *self* se desarrolla dentro del campo de nuestras relaciones con los demás y con el ambiente. No existimos en asilamiento, sino como parte de un campo que es el límite entre el *self* y el otro. Así como las relaciones cambian y las necesidades del adicto cambian, el campo y la identidad también cambian. Muchos adictos comentan en la recuperación a largo plazo que modifican su visión de las relaciones interpersonales. Después de algún tiempo de trabajo interno y de cambio, tienen mayor tendencia a acercarse a estas relaciones de manera distinta de la polaridad miedo-control tan característica de los adictos. Esa etapa inicial en las relaciones del adicto puede describirse mejor como un cliente me dijo: "no tengo relaciones... tomo prisioneros". El conflicto entre la confianza y permitir a otros comportarse de manera independiente a menudo sigue ahí en algún grado. Muchas veces, para poder tolerar la incertidumbre en cualquier experiencia interpersonal, los adictos pueden requerir el apoyo de la psicoterapia (individual o en parejas). Este trabajo se enfoca en la tarea de la segunda etapa de competencia interpersonal, y en la tarea de recuperación de la tercera etapa de reflexión.

La lucha para el adicto suele ser permitir la *inclusión* de otro en el campo como un compañero *cocreador* similar. Durante gran parte de su adicción, e incluso recuperación, los adictos han estado preocupados casi exclusivamente por el *self* y el límite del *self* y, por lo tanto, tienden a dominar sus interacciones y a tener parejas que permiten este dominio. Pueden también haber estado en un sistema (grupo de 12 pasos) que implica un alto grado de confluencia y de experiencia compartida. *Quién soy* es distinto de *quién soy contigo*, e incluso más distinto de la pregunta más amplia *quiénes somos*. Este es el movimiento o la esencia misma de la recuperación, más allá de lo intrapersonal, hacia lo interpersonal. A medida que los adictos continúan en abstinencia durante largos periodos, sus roles dentro de la familia o en las relaciones primarias cambia. Los límites entre, e incluyendo a los miembros de la familia, pueden expandirse o flexionarse. Para que suceda cualquier cambio así dentro del sistema, otros miembros de la familia deben ajustar sus propios límites y sus roles.

Como ejemplo, padres en recuperación tendrían que cambiar a unos roles más asertivos, y niños que actuaban como adultos podrían tener que luchar por —o sentir alivio— al dejar esos roles... o ambas cosas. Con el tiempo, la pareja en recuperación en una relación podría tener éxito en su profesión o desarrollar un fuerte sentido de competencia, en vez de depender de la competencia de la pareja o de su identidad. Estas transiciones en la identidad del adicto en recuperación también son cambios en la identidad interpersonal y en el campo interpersonal. En la recuperación a largo plazo estos ajustes son comunes y, en ocasiones, llevan a cambios en la definición de la relación e incluso a la separación, el divorcio o la completa redefinición de roles.

En el trabajo con parejas que he llevado a cabo con adictos en recuperación, o en sistemas de parejas en los que he experimentado a través del trabajo individual uno-a-uno con adictos en recuperación, esta lucha es evidente. Si lleva poco tiempo sobrio, o incluso si se recuperó hace unos cuantos años, el trabajo en parejas puede verse afectado por el trabajo individual inconcluso de la pareja del adicto. En muchas ocasiones he sugerido trabajo individual además del trabajo en parejas para desarrollar los apoyos internos necesarios para el contacto y para identificar el viejo tema que tiende a enmarañar el campo de estos sistemas.

La cuestión de quién es él o ella en pareja, o como padre o miembro de la familia, tiene una historia o fondo previo al consumo de drogas de la persona. Muchos adictos crecieron como hijos de adictos o en un sistema familiar que los sobreestimulaba y no les daba el apoyo ambiental adecuado, creando lo que Robert Ackerman llama "desconexión emocional". Con frecuencia, el trabajo al que se abocan estas personas es a separar su propia identidad interpersonal de la de su familia o de su rol en esa familia. El trabajo con la familia de origen es crucial para los adictos si quieren tener un sentido más claro de cómo se comportan y de cuáles podrían ser sus opciones. Como terapeuta Gestalt, me interesa apoyar este trabajo con los adictos en recuperación y tener presente la imagen completa de su experiencia. Es fácil y está de moda que los hijos adultos de los adictos expresen su rabia frente al evidente abuso y descuido que ocurre en este tipo de familias. Pero me gusta siempre equilibrar este "no" de enojo y separación, con el otro lado, que es el deseo del hijo de ser amado por el padre, e incluso, con la lealtad y el apego con él. Puedo pensar en muchos ejemplos de adictos que sienten gran ambivalencia hacia sus padres. Cuando expresan enojo hacia sus padres en una silla vacía, me gusta resaltar la complejidad de los otros sentimientos, que pueden incluir calidez, tristeza, compasión, lealtad... sentimientos igualmente válidos y parte del estancamiento actual del hijo adulto. Confrontar los fantasmas del pasado solo con enojo deja de lado la necesidad o el anhelo insatisfecho. Después de que los adictos expresan, *completamente*, lo que no les gustaba de sus padres, les pido que presten atención a los otros sentimientos que experimentan, o en especial, a lo que sí les gustaba. La importancia de este reconocimiento para el adicto en recuperación es que sirve de apoyo para la complejidad de la relación y constituye un modelo más preciso para la complejidad de las relaciones futuras.

Otro aspecto de este trabajo es que puede ayudar a aclarar con quién se identifica el adicto, quién es su modelo. Aprendemos al ver a nuestros padres y a nuestra familia interactuar. Recuerdo a un alcohólico de mediana edad que llegaba a un punto muerto en su matrimonio. Exploramos esto en terapia individual mientras continuaba en terapia matrimonial. De pronto, fue capaz de recordar la frase de su padre, "¡no renuncies a nada, nada más así!", y cómo su padre nunca se enfrentó a su dominante madre. Darse cuenta de que se estaba comportando como su padre le permitió explorar en terapia de pareja cómo era él *en relación* con su esposa.

Identidad profesional

Un aspecto importante del desarrollo en los adictos a medida que continúan sus años en recuperación es la identidad profesional. Debido al efecto de su forma de beber y consumir, los adictos suelen estar subempleados y tener menor nivel de educación cuando entran a recuperación. El periodo inicial puede ser uno en el que trabajan en empleos que no representan un reto para ellos, pero que les brindan seguridad mediante un salario y estructura diaria. Algunos adictos afirman sentirse como si "estuvieran dando al mundo algo a cambio" a través de su empleo.

A medida que los adictos continúan recuperándose, muchas veces experimentan la necesidad de desarrollar cierto tipo de profesión o carrera. La historia de Agnes en el capítulo 5 es un ejemplo de este tipo de desarrollo tardío en la vida, más común en mujeres adictas que en hombres, como sucede con las mujeres en la población general. Pero también es tema para los adictos hombres cuya identidad profesional pudo haberse postergado por el proceso de la adicción.

A menudo los adictos necesitan hasta cinco años para desarrollar cierto tipo de profesión o entrar a una universidad o entrenamiento de algún tipo. Regresar a la escuela puede representar un estrés en la recuperación; saca a los adictos de su rutina habitual, y puede requerir que inviertan muchas horas en soledad mientras estudian. El balance del adicto entre el foco en sí mismo y el contacto con el ambiente sufre una reforma.

Con frecuencia, los adictos mantienen algún tipo de profesión o carrera a lo largo de su alcoholismo. Tal continuidad puede dar a su recuperación un sentido de seguridad. Pero pueden también sentir preocupación de no ser capaces de llevar a cabo ese trabajo tan bien como lo hacían, al estar sobrios o libres de drogas. Quizá su identidad como profesionales o trabajadores se tenga que modificar al experimentar de manera repetida su competencia. Podría parecer que algunos adictos en recuperación, con niveles altos de estudios y con entrenamiento, se sienten competentes de manera inmediata al regresar al trabajo, sin embargo, esos mismos adictos en terapia suelen hablar de las dudas que sienten.

Después de un tiempo en recuperación, muchos adictos que empezaron con profesiones tratan de cambiarla, un síndrome que se compara con el desarrollo en la mediana edad en la población en general. Es como si su identidad cambiara en la sobriedad. Edward es un excelente ejemplo de este proceso. Había trabajado en la banca y en Wall Street cuando bebía y durante los primeros 10 años de su recuperación, en ese momento, decidió que esta actividad, que él llamaba "un timo", ya no era congruente con "quien soy el resto de mi vida". Vendió su negocio y se mudó a Key West, donde ahora pinta y trabaja con otros adictos en recuperación. La imagen de Edward de su vida cambió a medida que maduró en la recuperación. Su sentido de sí mismo como profesional se modificó y él cambió para reconciliar esa diferencia entre su imagen y la forma en que realmente vivía.

Este ejemplo es más dramático que la mayoría de las experiencias, pero ilustra cómo la identidad profesional para los adictos cambia con el tiempo de acuerdo con la perspectiva que tienen de su vida entera. Podríamos también describir este cambio como un movimiento hacia un plano espiritual o humanista. También podría ser resultado de trabajar en una profesión durante cierto tiempo. Algunas mujeres adictas con quienes he trabajado desarrollan sus identidades profesionales más tarde en la vida y, como consecuencia, le dan un sentido distinto a su profesión del que le daría alguien que ha mantenido su carrera a lo largo de su vida adulta.

Es el caso de Kate, una adicta en recuperación durante 15 años, que me dijo: "nunca se me ocurrió que yo podría ser una persona profesional en el mundo". Kate está inmersa en la etapa de comunidad de la recuperación, en la cual experimenta su competencia como profesional y, por lo tanto, desarrolla aquello que surge y que no ha sido explorado de su identidad.

Self sexual

La identidad sexual es otro aspecto importante en el desarrollo de un adicto en recuperación. Los adictos suelen sentirse menos inhibidos al estar bajo los efectos del alcohol y las drogas y, en consecuencia, pueden ser más activos sexualmente cuando están intoxicados. Algunos adictos, después de estar sobrios, siguen con el mismo patrón de conducta sexual que tenían cuando consumían; otros, luchan durante la recuperación con una identidad homosexual, que la intoxicación les desinhibía lo suficiente como para que la pudieran mostrar. Como un adicto en recuperación describía, "el alcohol eliminaba la tensión de mi conflicto de ser homosexual".

Arthur bebió en exceso durante su adicción y así podía tener contacto sexual con los hombres. Si no bebía, se sentía "abrumado por la culpa y el miedo a ser descubierto y perder mi empleo". Después de dejar de tomar, Arthur no podía conseguir la liberación inmediata de sus sentimientos inhibitorios. Durante años, en la recuperación, hacía excursiones al parque y a lugares públicos para encontrar parejas sexuales. Debido a que no podía soportar que la gente lo viera como gay, nunca desarrolló una relación. Tras 15 años de recuperación, Arthur empezó a acudir a terapia diciendo que se sentía "falso" y frustrado por la ausencia de relaciones interpersonales. Aunque estaba en sus cuarentas, nuestro trabajo juntos era similar a la terapia con un hombre gay más joven que apenas salía del clóset. Presté atención a los miedos de Arthur de lo que los demás podrían pensar y decir sobre él, lo que lo llevó a reconocer que eran los mismos juicios que él tenía sobre su propia sexualidad. Comenzó a beber a los 13, en la época en la que sus impulsos sexuales empezaban a aparecer. Arthur había consumido alcohol para modular su susceptibilidad ante los demás y sus juicios sobre su sexualidad. Al tomar para modular estos conflictos, Arthur retrasó la integración de su identidad sexual. Este proceso retrasado se volvió entonces tema de su terapia.

En terapia, Arthur exploró sus sentimientos sobre la homosexualidad, la sociedad y la forma en que él se veía a sí mismo. Fue un trabajo doloroso, pues sus juicios hacia él mismo eran extremadamente duros. En lenguaje gestáltico, diríamos que Arthur *asumía una postura de autoridad*, un aspecto crítico de su *self* que critica y domina. La parte final del trabajo con Arthur consistió en identificar e integrar su postura de autoridad. Le pedí que dijera lo que en general pensaba sobre sí mismo como hombre gay. Cuando expresó en voz alta estos pensamientos, se dio cuenta de que su propia verbalización concordaba con la forma en que su padre le había hablado. Siempre sintió que su padre lo veía cuando tenía sexo con un hombre, y se volvió autoritario frente a sí mismo para mantenerse a raya, tal como su padre lo había hecho cuando era niño.

Los adictos a menudo tratan de desensibilizarse y tener frecuentes interacciones sexuales de la misma manera en que otros consumen una droga. Tom era un adicto que se volvió sexualmente activo después de cinco años en AA. Literalmente cazaba nuevas mujeres en el programa, involucrándose en breves encuentros sexuales. Prefería no saber el nombre de su pareja y decía que se sentía adormecido inmediatamente después del orgasmo. Tom estaba recreando el mismo patrón de desensibilización del consumo de narcóticos. Experimentaba sensaciones rápidas, intensas, actuaba normalmente para obtener lo que quería, lo usaba y se retiraba hasta el siguiente impulso.

Se veía a sí mismo y a sus parejas como objetos, más que como personas. Su identidad se basaba en su atractivo sexual, la primera parte de este ciclo. Al seguir con estos encuentros cortos, fallidos, nunca experimentaba la singularidad de su pareja, o sus propios posibles sentimientos de temor, nostalgia o interés en sus compañeras. Este cambio se volvió el foco en el trabajo de terapia: qué experimentaría si se sintiera a sí mismo y a sus parejas de manera más plena. Se veía a sí mismo como un objeto, una herramienta, tal como lo había hecho en su adicción activa. Su cuerpo estaba separado de sí mismo, un "eso", algo que usaba para lograr un resultado esperado. El sexo para Tom era un intento de dejar de darse cuenta, y necesitaba hacerlo de manera frecuente para seguir sin darse cuenta. En terapia, Tom y yo exploramos su sentido de sí mismo como un "eso".

Un día, después de unas cuantas sesiones, le pregunté cómo se había vuelto una herramienta. Tom respondió que no sabía, y dijo que lo pensaría. Canceló nuestra siguiente sesión. Dos semanas más tarde, Tom empezó la sesión diciéndome que había estado soñando que era una herramienta, una llave inglesa que todos usaban y sostenían en sus manos.

Le pedí a Tom que se imaginara en el sueño. Cuando lo hizo, se agitó mucho, su respiración se aceleró y se movía mucho en la silla. De pronto, abrió los ojos y dijo: "veo a mi tío y él me está haciendo tocarlo. Llama a sus genitales 'mi herramienta'. Puedo sentir cómo quedo entumecido... no me doy cuenta de lo que hago... simplemente lo hago".

Le pregunté qué edad creía tener cuando eso pasó, y respondió, "como 12... justo cuando empecé a beber". Al incrementar su darse cuenta de sí mismo, Tom había vuelto a vivir un incidente en el que había sido abusado sexualmente. El estilo de contacto de Tom y su identidad estaban enraizadas en ese evento. Había invertido los roles con su tío, volviéndose la herramienta con las mujeres, mientras seguía entumecido en su vida adulta tal como había logrado lidiar con el abuso.

Este tema de la identidad sexual a menudo se vuelve más figura cuando los adictos han estado en recuperación durante varios años. Mi experiencia con estas personas es que la aparición del tema después de un tiempo en recuperación se relaciona con la necesidad de desarrollar un piso sobrio, una base enfocada en no consumir. Con frecuencia, los adictos hablan de esto con su padrino de AA o NA o asisten a reuniones de gays y lesbianas AA como apoyo a su experiencia. Sin embargo, los temas de identidad o de identificación a largo plazo, como gay o lesbiana, parecen desarrollarse después de cinco años o más.

Algunas reuniones de 12 pasos tienen una notoria norma grupal heterosexual, y los adictos en recuperación que luchan con su identidad sexual pueden sentirse distintos o incomprendidos. Como un adicto en recuperación expresó, al ver hacia atrás después de 15 años de ese momento inicial, "yo quería ir a un grupo en el que pudiera hablar de *cualquier cosa* sin tener que censurarme a mí mismo, así que empecé a asistir a reuniones de gays y lesbianas". Algunos adictos dicen que asisten a esas reuniones durante cierto tiempo para recibir apoyo y poder identificarse a sí mismos como "alcohólico gay o lesbiana", pero muchos no siguen en esos grupos mucho tiempo. Otros adictos asisten a esas reuniones como parte de su programa continuo de recuperación.

Otro aspecto de esta lucha es que las interacciones sociales de gays y lesbianas suelen ocurrir en bares y clubes nocturnos. Muchos adictos —en especial al inicio de su recuperación— evitan los ambientes sociales en los que la droga o el alcohol están presentes, como esfuerzo para disminuir la tentación y para evitar escenarios que pudieran evocar el patrón de consumo. Esta tensión entre la necesidad del adicto de mantener la abstinencia y sus necesidades sociales fue descrita por uno como: "sentí que tenía que elegir, ¿soy alcohólico o soy gay?". Estos aspectos de la identidad son cruciales; si se viven de manera dicotómica, pueden poner al adicto en recuperación, gay o lesbiana, en una situación de elegir qué es más cierto sobre ellos.

Trascendencia: Identidad espiritual

A menudo, los adictos tienen una relación mezclada con las prácticas religiosas y espirituales. Muchos experimentan a Dios como una figura punitiva, y muchos son agnósticos. Gran parte de los adictos con los que he trabajado describen su experiencia de Dios o ser supremo como arquetipo de sus propias figuras parentales. Es como si hubieran introyectado a sus padres y percibieran la espiritualidad a través de esa lente. En las sesiones con los adictos, a medida que envejecen en la vida y en la recuperación, este tema parece volver a surgir tal como lo hacía al inicio de la recuperación. En etapas posteriores, sin embargo, el sentido de lo espiritual se basa más en un deseo de establecer conexión a un nivel más allá del *self*, y una necesidad de encontrar sentido al campo cambiante.

El vacío fértil

En la terapia Gestalt vemos el fin de cada ciclo y el inicio de otro como un vacío fértil, un periodo en el que hay un darse cuenta menos definido y un momento creativo. A medida que los adictos siguen su desarrollo en la recuperación, su capacidad para establecer contacto les sirve de apoyo para terminar experiencias y pasar con un mayor darse cuenta a este vacío fértil. En terapia surgen dos temas cuando los adictos se permiten a sí mismos experimentar este vacío: tolerancia a no saber y aceptación de la inevitabilidad de los finales, sobre todo, de la muerte. Aceptar la inevitabilidad de la muerte como la constante que define nuestra existencia ha sido considerada durante mucho tiempo como una verdad existencial.

A medida que los adictos se mantienen sobrios en la recuperación, durante largos periodos, se encuentran con más experiencias de otros que mueren o se enferman. En cierto sentido, ser parte de una una comunidad de adictos es tener la muerte como trasfondo de la escena de la vida. Los adictos mueren todo el tiempo, normalmente a más temprana edad que el resto de la sociedad cuando la muerte se relaciona con la adicción (sobredosis, accidentes de auto, etc.). Para ellos, morir por la adicción suele verse como resultado de "no trabajar con el programa", una manera de pensar que le da sentido y explicación a la muerte y que podría disminuir la ansiedad. Pero la muerte por lo que se conoce como causas naturales, o en una edad temprana, reta el sentido de la recuperación como resurrección de una muerte en vida.

Si creemos en nosotros mismos como la realidad máxima, entonces no existir es incomprensible. Aceptar la muerte es regresar a la experiencia de horizontalidad; la muerte es acostarse y aceptar el proceso que nos rodea. Es la rendición final más allá del *self*.

Muerte y Dios

Bárbara había estado sobria más de 10 años. Durante ese tiempo, estuvo involucrada de manera regular en AA, y asistió a terapia en periodos de transición. Empezó a acudir a terapia esta última vez para trabajar con la depresión que su médico familiar le había diagnosticado. Acababa de perder a dos amigos por sida y expresó su desesperación y confusión con respecto a esa pérdida.

Después de habernos visto en dos sesiones, Bárbara empezó a preguntarme sobre mis creencias espirituales. En ese momento de la terapia tuve que decidir si revelaba mis propias experiencias y creencias. Me habían hecho muchas preguntas que solían ser afirmaciones planteadas en forma de pregunta, y había respondido de distintas maneras. Pero la pregunta de Bárbara no se trataba de simples proyecciones, eran preguntas genuinas sobre su existencia. Quería saber si ella y yo no éramos Dios, ¿entonces quién era?, y ¿a dónde vamos cuando morimos?, y ¿qué sentido tiene todo si en realidad solo estamos aquí (en el cuerpo) por una temporada? Ella no estaba aterrada ni asustada, sino que se preguntaba sobre su relación con la vida.

Dejé de mirar a Bárbara y pensé: ¿Cómo podría responder estas preguntas? ¿Debería responder desde mi propia experiencia? Le pregunté a Bárbara qué era lo que le hacía plantearme esas preguntas, y me dijo que cuando medita, se va a un "vacío", un lugar que recuerda desde su infancia. Añadió que cuando su amigo Jim murió, se fue al vacío, y que ella se imagina que irá ahí en cuanto muera. Le dije a Bárbara que era una explicación tan buena como la que yo tenía, y le pregunté si podía ir al vacío en ese momento. Sonrió y dijo: "en cualquier momento", y cerró los ojos.

"Estoy nadando en una especie de espacio líquido y puedo sentir y escuchar a todos, pero es como estar bajo el agua. Jim está aquí también, y mi abuela... me siento más segura al quedarme aquí. Puedo incluso flotar a la parte más alta del cuarto y vernos a ti y a mí hablando. Se siente como si estuviera yendo más allá de mi cuerpo y de mis miedos.".

Me conmoví hasta las lágrimas cuando Bárbara describió su experiencia, recordé el funeral de mi padre y cómo había sentido que trascendía todo el funeral. Comentó que esta experiencia meditativa era lo que le había ayudado a sobrellevar su vida diaria. Le dije que no tenía respuestas para ella y que sentía que ella misma se había respondido sus propias preguntas. Admití tener mis propias preguntas y algunas de mis propias respuestas, pero que podrían no ser para ella. Ella estuvo de acuerdo y dijo: "¿Sabes? No es tan importante para mí saber quién es Dios, con que pueda seguir conectada con todos de alguna manera, para mí es suficiente, incluso sin mi cuerpo".

Bárbara necesitaba volver a vivir su vacío para sentirse más conectada con los demás. Pero esta conexión era trascendente, más allá de su cuerpo, en un plano de energía. En las siguientes semanas, se deprimió cada vez menos y era capaz de llorar por la muerte de Jim y, al mismo tiempo, sentir que tenía algún tipo de contacto con él. La alenté a que continuara con la práctica de la meditación. Bárbara logró trascender la muerte de Jim y su propio sentido de pérdida a través de su práctica espiritual y su crecimiento trascendiendo el enfocarse en "cómo me afecta esto". Evidentemente, ella iba más allá de sí misma, y este viaje le proporcionaba consuelo y le generaba preguntas. Mi postura frente a Bárbara era apoyar su experiencia, sin desestimar su meditación como fantasía de cumplimiento de deseos, pero tampoco uniéndome a ella para ofrecerle mis creencias espirituales.

También recuerdo a Andrew, quien después de 17 años de recuperación presentó una enfermedad cardiaca y dijo en terapia: "¿Para esto quedé libre de drogas?". Era como si, después de toda su lucha por mantenerse sobrio, dejar las drogas pudiera protegerlo de la mortalidad. Su aceptación del trabajo de recuperación se había basado en una especie de trueque o *condición*. Él había creído que si seguía sobrio, "no me pasarían cosas malas". Está claro que la muerte no tenía nada que ver con estar en recuperación, y los adictos no eligen la forma en que morirán, igual que cualquier otra persona. Permitirnos advertir nuestra mortalidad es la experiencia de la trascendencia.

Dar más que tomar

En un sentido similar al de la experiencia de Bárbara, van los comentarios de muchos adictos sobre trascender sus propias necesidades. Una adicta, sobria durante 15 años, describió cómo esperaba en la recuperación "dar más de lo que tomo… cada día me pregunto si he tomado más de lo que he dado". Este es otro ejemplo de ir más allá de las propias necesidades o miedos. Para los adictos cuyo foco principal ha estado sistemáticamente en el *self*, satisfacer el *self*, controlar las emociones y la experiencia, y mantener un límite claro con las drogas y el alcohol (y tal vez, también con otros), darle a otros sin esperar nada a cambio es a menudo resultado de años de crecimiento.

Este comentario es una expresión de alguien que a lo largo de su vida ha tomado de los demás, alterado el equilibrio del campo social por la conducta unilateral. Dar como parte de este campo social es ser parte de *dar y recibir*, más que simplemente tomar como muchos adictos hacen, o dar solo para recibir recompensas a cambio. Esto último suele llamarse codependencia y es el otro lado de la misma moneda de tomar. Laura Perls define un presente o regalo "no como un sacrificio, sino algo que es dado fácilmente y sin expectativas por parte de quien da". Mi experiencia con muchos adictos en recuperación de largo plazo es que así es como experimentan su participación en AA o en NA. A menudo utilizan el término *servicio* para describir la acción de dar a los demás. Cuando le pregunté a un adicto en recuperación por qué seguía apadrinando a tantas personas, su respuesta fue que lo hacía por él mismo. No quería decir que estaba buscando ganar algo de manera directa, aunque algunos adictos en recuperación sí tienen esa intención. Describió la experiencia de estar más cómodo con su mundo y consigo mismo, sentir una especie de "armonía". Esto es similar a la descripción de Laura Perls de que "el regalo restablece la integridad de quien da, así como de quien recibe".

Estos actos de dar están estrechamente relacionados con la espiritualidad porque son actos trascendentales, actos de ir más allá de los miedos y preocupaciones temporales por el *self*. Sí restablecen el equilibrio en el campo y mantienen las relaciones. Pero tal vez lo más importante es que los regalos genuinos son posibles gracias al desarrollo de un verdadero anclaje del *self*. El viejo dicho de AA, "no puedes dar lo que no tienes", describe la acción de dar y la de trascender al *self* como basadas en el terreno del *self* en desarrollo.

Retos: Polaridades de la recuperación a largo plazo

Un adicto en recuperación durante 25 años la describió alguna vez como el proceso en el que "siempre se sube la apuesta". Se refería a nuevos niveles de cambio necesarios para que la persona mantenga su crecimiento y recuperación. Lo opuesto es que el adicto se sienta satisfecho y esté en una recuperación estancada. Por ejemplo, algunos justifican conductas inaceptables diciéndose a sí mismos o a los demás, "bueno, lo importante es que no bebo ni consumo". Muchos de los ejemplos que he usado en este libro son descripciones de personas que luchan con el siguiente nivel o apuesta. Los adictos en recuperación que no luchan con la apuesta o que no están dispuestos a compartir esta lucha, rara vez llegan a terapia. A menudo, los adictos en recuperación perciben la terapia como un fracaso o deslealtad al programa de 12 pasos.

Desde el punto de vista de la Gestalt, veo mantener el crecimiento como aceptación y una participación activa en el campo siempre cambiante de la frontera *self*-otro. Cada nueva formulación de nuestra experiencia nos brinda un sentido intensificado y a veces doloroso del *self* y del campo. Si el adicto en recuperación trata de mantener el campo (o la recuperación) como una figura estática, una Gestalt fija, su energía disminuye. Lo que alguna vez fue brillante y vibrante se vuelve plano e incluso frustrante. Esta es la experiencia de los adictos en recuperación a largo plazo que no cambian o no se ajustan a sí mismos a la apuesta cambiante. A menudo, esta frustración puede conducir a pensamientos y acciones de beber o consumir de nuevo. Aceptar y experimentar estos cambios son los retos de la recuperación a largo plazo. Estos retos varían en los casos individuales, y pueden ir desde reparar el daño causado en el pasado hasta desarrollar una práctica espiritual, que representan decisiones o polaridades generales similares para los adictos en recuperación.

Como describieron Joseph Zinker y Rennie Fantz, la experiencia humana puede verse como elecciones en un continuo polar. Los adictos en recuperación a largo plazo acuden a terapia en medio de la lucha para integrar conductas, sentimientos o pensamientos polarizados. El reto para ellos es que sean capaces de moverse a ambos extremos de las polaridades y que desarrollen la capacidad de encontrar las opciones intermedias entre los extremos.

Una polaridad de la que he hablado en este libro como fundamental en la recuperación implica la forma en que el adicto se ocupa del *self* y de los demás. El proceso de recuperación es la integración de las capacidades de prestar atención al *self* o a los otros y todo el espacio intermedio de prestar atención a ambos. La meta al trabajar con esta polaridad consiste en desarrollar la capacidad del adicto en todo el rango. En cierto momento, puede ser útil darse cuenta del *self* o darse cuenta del grado de relación con los demás, o incluso mantener a ambos como parte del campo. Como Paul Goodman mencionó, es importante que los adictos se vayan de la terapia con más, y no con menos, de aquello con lo que llegaron. Mi intención al trabajar con adictos es añadir opciones, no quitarles sus preferencias actuales.

Echemos un vistazo a algunas polaridades comunes que he experimentado al trabajar en terapia con adictos en recuperación de largo plazo.

Expansión-conservación

Existe una tensión entre dos aspectos del crecimiento. En cada uno de nosotros, en determinado momento, existen fuerzas para la invariabilidad o conservación, y fuerzas para el cambio. A medida que los adictos permanecen sobrios por lapsos mayores, con frecuencia tienen menor necesidad de conservar, pero se acostumbran a la repetición y la comodidad de patrones continuos. Las personas que funcionan así suelen predicar de manera dogmática a los demás en los programas de 12 pasos. Es como si estuvieran tratando de conservar lo que ha sido un proceso de apoyo vital y lo convierten en la estructura de su vida.

Miriam es un ejemplo de alguien que refuerza "cómo eran las cosas en el programa". Ella entró al grupo de terapia por sugerencia de "alguien en quien confío". En este grupo, quería saber cuáles eran las reglas y a menudo les decía a los miembros más jóvenes qué debían hacer con su vida. Cuando el grupo cuestionó a Miriam sobre sus *propias* razones para unirse, al principio ella lo atribuyó a su amiga, que resultó ser su madrina de AA, pero este era un grupo inteligente y presionaron a Miriam para que dijera *su* motivo; finalmente, ella les confió que tenía problemas con la forma en que AA cambiaba con todos los jóvenes y drogadictos que incorporaban al programa. Ella quería mantener las cosas como las había conocido todos estos años, pero al mismo tiempo, sabía que no podía hacerlo; las cosas y las personas cambian. Ella se había visto implicada en una serie de conflictos sobre las tradiciones que significaban más que las guías escritas del programa de AA, pues eran la estructura personal de Miriam para el ambiente. Este era el reto para ella: aceptar el campo cambiante del cual formaba parte, pero mantener al mismo tiempo un sentido de comodidad y familiaridad.

Admiraba a Miriam; era una mujer dura que había sobrevivido y había hecho muchos cambios en su vida en más de 25 años de recuperación. El grupo y yo ayudamos a Miriam a desarrollar un experimento en el cual ella le diría a los miembros del grupo qué deberían cambiar. La intención de esto estaba basada en la teoría paradójica del cambio de Arnold Beisser, el cambio ocurre al hacer de manera intencional lo que ya hacemos, pero *dándose cuenta*. Ella hizo el experimento con el placer habitual, y pronto estaba de pie, apuntando con el dedo a las personas, hablándoles sobre cómo deberían cambiar.

Al principio, el grupo estaba enojado, pero empezó a reírse con cada declaración de Miriam. Ella llegó tan lejos con este experimento que también empezó a reírse. Le pregunté cómo era para ella dar esas indicaciones a los demás, y ella dijo: "me siento exhausta... implica mucho trabajo y ellos simplemente no escuchan". Le pregunté qué pasaría si no lo hiciera. Miriam se quedó callada por primera vez en el grupo. Después de lo que parecieron cinco minutos, dijo: "las cosas se saldrían de control y no recibiría ayuda", a lo cual añadí, "a menos que *tú* lo estructures".

Miriam asintió con la cabeza y volteó a ver al grupo, tal vez viéndolo por primera vez. Se había dado cuenta de que su insistencia en la conservación era para su propio provecho y que requería emplear un enorme esfuerzo para estar escaneando constantemente su ambiente. El trabajo de Miriam en terapia era indicativo de la tarea de reflexión; fue capaz de salir de su experiencia inmediata y reflexionar sobre su propio proceso y sistema de creencias.

La experiencia de Miriam es común en los adictos en recuperación a largo plazo en los programas de 12 pasos. A veces son como padres controladores o abuelos gruñones, despotricando ante las condiciones cambiantes del programa. Miriam es un ejemplo de alguien que sufre de lo que podría llamarse "la melancolía de los 12 pasos", que es cuando alguien se dedica tanto a mantener el estatus de un sistema, que su propio proceso, a menudo inhibido, se vuelve fondo. Su energía y su darse cuenta de sí mismo se proyecta hacia fuera, al ambiente; un proceso que podría ser respuesta a la ansiedad, el miedo a envejecer, asuntos inconclusos o falta de éxito general en sus relaciones, trabajos o familias.

Optimismo-amargura

La amargura va casi siempre de la mano de una perspectiva orientada al pasado: algo que ha dejado un mal sabor de boca. Para el adicto, estar amargado en el presente es uno de los síntomas de la recaída; a menudo lleva a la bebida o al consumo de drogas incluso después de años de recuperación. He visto esto en adictos que no pueden aceptar las elecciones que han hecho en el pasado o en el presente, y que a veces se sienten como si hubieran sido ignorados en AA o NA.

Para los adictos, el optimismo es la creencia de que existen posibilidades en el futuro y que se pueden llevar a cabo; que pueden lidiar con su mundo. La amargura es la experiencia de sentirse inacabados y de percibir el mundo de manera cínica, como un ambiente poco amigable.

Tim, que había estado en recuperación durante más de 20 años cuando lo conocí, ejemplifica esta polaridad. Asistió a un taller que di y se quejó de todo, desde las sillas, hasta el café, y la ignorancia de los demás participantes. Yo estaba tanto molesto como sorprendido por su audacia. En un momento del taller, yo necesitaba un voluntario para demostrar un concepto a los participantes. Tim se ofreció. Se veía listo para recrear su rol de amargura y quejas de antes, ese mismo día. Me enfrenté con el conflicto que muchos de nosotros tenemos al hacer talleres: el participante difícil.

Accedí a sentarme con Tim al frente del grupo. Empezó de la misma manera, diciendo todo lo que no le gustaba. Al principio, me sentí frustrado con Tim y después, me empecé a reír. Él quería saber qué era tan "condenadamente gracioso". Le dije que me sorprendía lo bien que podía reunir una letanía así de quejas, yo nunca podría hacerlo; me daba miedo sentirme animado acerca de algo y no poder seguir amargado.

Tim se detuvo y su rostro se oscureció. Luego dijo: "nunca me he sentido animado en años. Soy más sabio que eso". Esto llevó a una discusión sobre el proceso de Tim de darse cuenta tras varias decepciones importantes y dolor: la muerte de su hija y la pérdida de su salud.

Tim no había dejado estas decepciones atrás. No podía mirar hacia delante con optimismo o esperanza. Cargaba siempre con las pérdidas de su pasado, como si fueran un saco de piedras. Él es como muchos adictos en recuperación a largo plazo que, por distintas razones, están congelados en su vida, amargados por el pasado. Lo que resultó útil en mi corto trabajo con Tim fue haber respondido a su estilo de contacto en vez de haber tratado de hacerlo sentir bien o de revisar los detalles de sus quejas.

Foco estrecho-lente ampliada

Se trata de la polaridad descrita a lo largo del libro: el *continuum* entre experimentar el contexto o sistema entero y enfocarse en algo específico en ese sistema, como puede ser no consumir o sentimientos personales. Ambos polos son esenciales para la recuperación y el crecimiento. Es esencial que el adicto sea capaz de identificar un asunto perteneciente solo al *self*, como "qué necesito para seguir sobrio"; también es importante ir más allá del *self* para seguir sobrio y recuperarse. Al primero es al que llamo foco estrecho, mientras que el segundo es la lente ampliada, organizar el campo más allá del manejo de la frontera del *self*.

Carolina dejó de beber cuando su tercer hijo cumplió 5 años. Estaba en las fases finales del alcoholismo y su recuperación representó un enorme beneficio para su familia. Se lanzó al programa de recuperación y pasó casi todas las tardes en reuniones de AA. Su esposo y su hijo mayor mantenían a la familia. Cuando su hijo fue a la universidad, acudió a terapia y empezó a hablar de su niñez antes y después de que su madre bebiera. Se sintió abandonado por ella *en la recuperación*. Él la confrontó por esto, y la reacción inicial de Carolina fue responder que la recuperación era lo que ella necesitaba hacer para sí misma. Su hijo insistió en hablarle sobre el efecto en él. Ella empezó a llorar cuando él sacó el tema de las prácticas de soccer que Carolina se había perdido y su sensación de que, para ella, sus amigos de AA eran más importantes que él.

Carolina se enojó con él un tiempo. Incluso después de 13 años, ella sentía como si tuviera que elegir entre *su recuperación* y *su familia*. Solo cuando se volvió abuela, Carolina pudo ampliar el lente de su darse cuenta para incluir relaciones fuera de sí misma y su recuperación.

Retrospectiva-prospectiva

Ejemplos de adictos que son solo retrospectivos abundan en los programas de 12 pasos. La ironía es que al hablar sobre su adicción activa y enfocarse únicamente en ese proceso, pueden crear un entretenimiento vicario. Al menos, estos adictos pueden estar enfocados exclusivamente en el pasado de su consumo de drogas porque no conocen otras maneras de socializar. Hablar sobre el pasado se vuelve un lubricante social fácil, como lo eran el alcohol y las drogas en el pasado.

Para el adicto, existe tensión entre una perspectiva hacia delante, encarando el futuro como un horizonte de posibilidades, y una retrospectiva, viendo quién y dónde han estado (es decir, la adicción activa). Es fundamental para los adictos no olvidar lo que han hecho para poder mantenerse lejos de la bebida o de volver a consumir. Este tipo de mirada hacia atrás también es un modo importante para cualquiera de nosotros de dar sentido a nuestra vida. La vida presente se basa, o mejor dicho, *está anclada*, en nuestras historias. Para los adictos en recuperación a largo plazo, mantener cierta perspectiva de su pasado le da un sentido más rico a su crecimiento y desarrollo. Pero el extremo de esto es el individuo que solo puede hablar sobre el consumo, que encuadra todo a través del lente de un estilo de vida adictivo. La recuperación a largo plazo es en realidad un equilibrio entre dos extremos, como sucede con toda polaridad.

Brian representa un ejemplo de alguien que luchó entre estos dos polos. Llevaba en recuperación 20 años y había restablecido su vida después de una severa adicción. Brian empezó a acudir a terapia por sugerencia de su esposa: "ella dice que no puedo planear a futuro. Nos hacemos viejos y supongo que es importante". De hecho, casi todo lo que dijo Brian era cómo habían sido él y su vida antes. Le pregunté cuál era su objeción ante la planeación, y respondió que pensaba que planear era "proyectar", y que él había vivido "un día a la vez".

Me impresionó lo útil que había sido para Brian mantener una perspectiva tan clara sobre su pasado. Le había ayudado a no beber y a entender su vida en contexto. Pero Brian estaba polarizado; se experimentaba a sí mismo como sin futuro. Se veía a sí mismo como de 25 años (la edad que tenía cuando dejó de beber), más que como un esposo, padre y, dentro de poco, abuelo, de 50 años. Brian no esperaba tener nietos; estaba, de hecho, sin esperar nada. Cuando pensé en esto y vi sus dulces ojos y su boca hacia abajo, tuve una fuerte sensación de tristeza.

Le pregunté a Brian qué esperaba de la vida. Al principio me respondió con explicaciones de vivir en el hoy. Insistí y se le llenaron los ojos de lágrimas. Finalmente, dijo: "bueno, tengo mi salud, mi esposa e hijos, y tal vez, nietos". Dijo que sabía que si se emocionaba por el futuro, todo podría salir mal. Que lo que había aprendido en su recuperación era: no emocionarse mucho por algo, porque algo malo puede pasar. Trabajó con esta creencia subyacente durante unas sesiones viendo de dónde había aprendido esto como absoluto. Le ayudó describir las veces en que pensar de esta manera le fue útil, como cuando estaba al inicio de la recuperación y estaba devastado por la decepción y quería consumir de nuevo. La funcionalidad de su creencia era clara. De lo que se dio cuenta en terapia fue de la limitación de lidiar con todas sus experiencias desde esa perspectiva. Unas semanas más tarde, Brian llegó a la sesión con un anuncio. Me dijo que había ido con su hija embarazada y le había preguntado si lo dejaba pintar el cuarto del bebé "con anticipación". Le pregunté a Brian lo que esto significaba para él, y dijo: "no podía seguir actuando como si no fuera a tener un nieto... así que quise prepararme para él o ella".

Brian había llegado a un punto intermedio entre no tener futuro y proyectar. Logró esto al experimentar con ver hacia delante en su vida. Este experimento de reflexión ayudó a Brian a acceder a sentimientos que no dejaría emerger mientras estuviera viendo hacia atrás de forma obstinada y manteniendo cada día como un soldado cuida su puesto. Aún conserva su darse cuenta de dónde ha estado. Su vida no ha disminuido, sino que se ha enriquecido al ampliar su perspectiva e incluir los 360 grados de pasado, presente y potencial futuro.

También recuerdo a Henry, un hombre que vivió en el polo de ver hacia delante. Henry estaba muy comprometido con la recuperación y tenía una apariencia extraordinariamente sana a los 65 años. Llevaba más de 30 años sobrio cuando lo conocí. Se había dedicado a velear en su retiro y a menudo llegaba al centro de tratamiento en el que yo trabajaba. Sus ojos tenían la mirada de un hombre que ve a lo lejos, sintiendo el viento y esperando el siguiente cambio o movimiento. Cuando murió, pensé en él sentado en su pequeño velero, con el pelo blanco volando y los ojos profundos viendo el horizonte. Él estaba literalmente moviéndose hacia delante en el mundo, pero sabía dónde había estado. Supongo que de vez en cuando miraba su estela, que hablaba sobre su pasado de alcoholismo, pero apuntando lejos de eso hacia el mar abierto. Esta imagen de Henry captura la recuperación a largo plazo como un viaje de establecer contacto con lo que sea que venga *a continuación*, mientras se sigue dando cuenta de lo que ha pasado.

Los temas y ejemplos de este capítulo ofrecen una visión de la recuperación a largo plazo como un desarrollo continuo más allá del *self*. Algunos de los ejemplos muestran a adictos en recuperación que, aunque han estado en abstinencia durante largos periodos, están atorados en algún aspecto de su propio desarrollo. En el siguiente capítulo, describo cómo este tipo de puntos de conflicto en la recuperación puede llevar a los adictos a buscar el patrón familiar de la sensación y la acción y, potencialmente, recaer en el consumo de drogas.

Capítulo 7. La recaída

He descrito la recuperación como la restauración progresiva de la función de contacto y el ensanchamiento del campo interpersonal a través de una sensación más plena, de un darse cuenta desarrollado y de acciones no habituales. La recaída, desde esta perspectiva, es la progresiva, y a menudo gradual, disminución de contacto.

El modelo médico describe la recaída como la aparición de síntomas de la enfermedad después de un periodo de remisión. Este es un enfoque inadecuado para el propósito de la terapia con adictos. Es una proyección de un proceso interno en algo abstracto que hace que la persona se comporte de cierta manera.

Lo que llamamos *recaída* empieza con cambios en la forma en que el adicto se comporta, siente y piensa; altera su forma de establecer contacto con el ambiente y con el *self*. El estilo de contacto del adicto que recae empieza a parecerse más al ciclo de la adicción, solo que sin la droga. Gorski y Miller desarrollaron señales de alerta y un proceso de etapas para el regreso a la adicción. Estas señales van desde la dificultad para pensar, hasta problemas de memoria, irritabilidad, depresión, conductas interpersonales erráticas y retraimiento.

El modelo Gestalt encuadra esto al explicar los aspectos que reducen el contacto, tanto con el *self* como con otros. La recaída es una reversión de un ciclo o proceso de contacto más pleno, al antiguo ciclo estrecho del adicto y al foco limitado al *self*. Es un proceso de retroceso hacia un viejo patrón de modulación del *self*, que termina en la acción de consumir drogas de nuevo. La tarea terapéutica consiste en identificar este proceso *antes* de que el adicto llegue a la fase de la acción, y ayudarlo a identificarla.

Este capítulo describe cinco patrones de conducta comunes que llevan a la recaída. Después de cada descripción se dan ejemplos clínicos, presentados en el contexto del modelo de automodulación de la recuperación. Estos cinco patrones de la recaída son:

- Tipo A: El adicto enfatiza la acción sobre el significado y la autoconsciencia, y regresa a la adicción por la sensación de acción que produce.
- Asuntos inconclusos: El adicto evita alguna conducta del pasado o algún asunto inconcluso y, como resultado, regresa al patrón adictivo de contacto.
- Recaída crónica: El adicto sigue en recuperación solo por una temporada corta, casi sin moverse hacia la primera etapa antes de regresar a la adicción por completo.
- Recuperación condicional: El adicto regresa a la adicción por una condición preestablecida —"me mantendré sobrio siempre y cuando…"— que no se cumple, para que la adicción parezca una respuesta justificada.
- La recuperación a largo plazo solitaria: El adicto se siente olvidado y poco valorado por los demás, incluyendo a su familia y a otros adictos en recuperación, y regresa a la adicción con la sensación de que la recuperación ya no vale la pena.

Todos estos tipos de recaída son ejemplos del paso de un proceso de contacto más pleno, a un patrón de contacto análogo, al patrón sensación-acción de la adicción. Algunos cambios fundamentales en la función de contacto podrían no haber ocurrido nunca, o el adicto que recae puede haberlos revertido después de algún tiempo —incluso años— de contacto más pleno. La figura 3 ilustra este paso de un contacto más pleno al ciclo fallido de sensación-acción.

En el ciclo de contacto completo (mostrado en el lado izquierdo de la figura 3), una persona elabora las sensaciones hacia un darse cuenta más pleno, lleva a cabo acciones enfocadas con base en el surgimiento del acto de darse cuenta, mantiene el contacto y asimila y cierra la experiencia de contacto. Aunque ningún adicto en recuperación hace esto sin interrumpir cierto contacto, el patrón general de contacto para el adicto en recuperación es similar al ciclo completo. A medida que la persona empieza a moverse hacia el ciclo aplanado (que se muestra en el lado derecho de la figura 3), está sobreestimulado. Una respuesta a este proceso es desensibilizarse o deprimirse. Irónicamente, otra respuesta común al sentirse sobreestimulado es volverse más activo, hacer

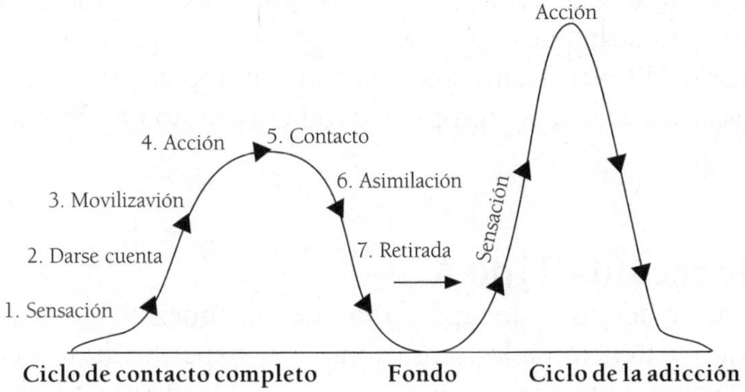

Figura 3. La recaída como disminución progresiva del contacto

más y hacerlo más rápido. Me he topado con muchos adictos en recuperación que han recaído y que parecen estar en un remolino de actividad, sin ningún enfoque. A menudo, estas personas se sienten enojadas y no pueden definir la razón de su enojo. Como un adicto me dijo alguna vez, "estoy enojado con todo y con todos. No sé por qué".

En la recaída, las polaridades de la recuperación también están desbalanceadas, pues el adicto en recuperación empieza a recrear el campo de frustración, aislamiento y dolor que son elementos que sirven de base para el consumo de drogas. Los adictos que recaen se sienten menos reconocidos por los demás, tienen un foco en sí mismos más estrecho, y a menudo obtienen su mayor satisfacción de los momentos de mucha actividad. Se sobreestimulan a sí mismos y se desprenden de los apoyos ambientales. Al final, los adictos que recaen experimentan su campo interpersonal como una situación de "hacer o morir"; todo es crisis.

Esta conducta en la recuperación es una imagen en espejo del proceso de separación del adicto de los demás y de sus propios sentimientos cuando consume. En este proceso, quien recae emplea un discurso desconectado, desensibilización física y evitación, en vez de drogas pero con los mismos propósitos que estas sustancias cumplían antes. El adicto puede empezar a sentirse diferente, sin relación con los demás. A menudo se involucra en un nivel constante de actividad: trabajar, limpiar, preocuparse u otras formas de acción. Los adictos que recaen parecen motivados, como cuando consumen drogas. Su énfasis está en la acción, con poca o ninguna atención a darse cuenta o al cierre.

El resultado de esta actividad es que los adictos que recaen pueden ser menos conscientes de lo que experimentan, al tener todo su foco en la acción. Los programas de 12 pasos a menudo apoyan, sin querer, este nivel de actividad. Su énfasis en hacer se lo apropian los adictos como una forma nueva de controlar al *self*.

Patrón de recaída Tipo A

En terapia con un adicto en recuperación que ha empezado con este patrón, tiendo a llevar su atención a las sensaciones que experimenta y a enfocarme menos en la acción. Otra aproximación que he empleado es describir con detalle los procesos del adicto, resaltando su ritmo y lo que podría faltar —como una figura claramente definida, acciones opcionales, etc.—. Los adictos en recuperación a largo plazo están menos disponibles emocional y cognitivamente en los procesos de recaída. Esto no siempre es evidente, porque pueden asistir a reuniones de 12 pasos y hablar con la jerga de la recuperación, explicando el cambio en su conducta como si se dieran cuenta de él.

David: "Seguir con mi vida"

David estuvo libre de drogas durante siete años cuando emprendió un camino que describió como "seguir con mi vida". Regresó a la universidad, se compró un auto nuevo y consiguió un trabajo bien pagado y estresante —todo en seis meses—. Al principio, se veía como él mismo, solo que más ocupado. Empezó a faltar a las reuniones de AA y a olvidar labores o promesas que había hecho a otros. Más tarde dijo que tenía "visión de túnel", pues veía el camino enfrente de él, pero casi nada más. Se volvió irritable y explicaba esta irritación como resultado del estrés.

Este proceso llevó más de tres años. Iba a bares, bebía agua mineral con gas, socializaba con mujeres que bebían, sin decirles que él no estaba bebiendo alcohol y sin decirles a sus compañeros en recuperación que acudía a bares. Empezó a vivir en dos mundos, compartimentando su vida. Cuando su padrino de AA lo confrontó por pasar tanto tiempo alrededor del alcohol y lejos de personas en recuperación, David dijo que no tenía tiempo de hablar, pero que le agradecía los comentarios.

David empezó a tomar un poco de gin con su soda. En unas semanas, ya consumía píldoras y en tres meses ya había vuelto a inyectarse narcóticos. Se volvió hostil y abusivo en el trabajo. Finalmente, lo arrestaron por conducir en estado de ebriedad y la corte lo hizo regresar a las reuniones de Alcohólicos Anónimos.

El "primer trago" de David fue el resultado de un proceso que había empezado años atrás. Beber no estaba en su darse cuenta. Lo que se hizo figura fue seguir con su vida, una meta totalmente sana. El problema no era la meta de David, sino su proceso para lograrla, que lo llevó a perder su trabajo, dejar la universidad y estrellar su auto. Su proceso o estilo consistía en darse cuenta cada vez menos de sí mismo al volverse cada vez más activo. Pasó de sensación a sensación, actuando con base en muchas figuras de manera simultánea. Dijo después que "trataba de compensar todos los errores que cometí cuando consumía. ¡Pensé que ahora era cuando podía hacerlo!". Implícito en ese deseo estaba una falta de aceptación de su pasado. Esa negación, en conjunto con su preferencia por un ritmo rápido, desensibilizado, fue el principio de su recaída.

La historia de David muestra la diferencia entre hablar sobre sí mismo y hablar sobre el rango completo de los propios sentimientos y experiencias. A medida que los adictos en recuperación recaen, se expresan cada vez más en la forma de "hablar sobre". Esto es como actuar por inercia en el contacto, lo cual propicia la separación de los propios sentimientos y de la experiencia. Al separar sentimientos y sensación del discurso, los adictos se incorporan cada vez menos al campo interpersonal.

Patrick: Míster AA

Patrick ha estado activo en AA desde que dejó de beber. A menudo le piden que hable en las reuniones y durante 15 años se ha involucrado en ayudar a otros adictos en recuperación. Después de los primeros años de su recuperación, el foco de Patrick se ha alejado de sí mismo y casi exclusivamente se ha dirigido al servicio a los demás. Con frecuencia, reconoce esto diciendo, "así es como logro mantenerme sobrio, al no estar centrado en mí mismo".

Con el tiempo, el estilo de contacto de Patrick con los demás se ha basado más en coincidencias aparentes más que en la reflexión o la comunicación. Su experiencia continua era de confluencia; advertía poca o ninguna diferencia con respecto a los demás, y muy poco darse cuenta de sí mismo. Hablaba con la jerga de la recuperación, que parecía asumir un entendimiento con los demás, una especie de guiño, una forma de hablar tipo "nosotros entendemos".

Patrick había pasado por la primera etapa de recuperación y permanecía al inicio de la segunda. Sin duda había dominado la complementariedad. Su lucha era experimentar plenamente el límite entre él mismo y los demás, lleno de diferencias y nuevas experiencias, pero, por el contrario, se mantenía a sí mismo en un estado fijo con poca variación en los sentimientos externos. Este proceso era el inicio de la recaída de Patrick, igual a su patrón de consumo de alcohol. En vez de mantenerse a sí mismo a través de la droga, lo hacía evitando cualquier cambio interno, lo cual lograba al separarse a sí mismo de sus sensaciones mediante el razonamiento.

En algún momento, Patrick llegó a estar tan ocupado con el programa, que dejó de prestarse atención a sí mismo. Rara vez hablaba de alguna dificultad con alguien. Cuando empezó a tener problemas de salud, Patrick redobló su nivel de actividad. Tuvo un pequeño infarto y empezó a abusar del medicamento prescrito durante las siguientes semanas a su cirugía. Cuando otros alcohólicos lo confrontaban sobre esto, su respuesta era, "soy un alcohólico, no un drogadicto. No necesito preocuparme por las drogas". Solo cuando empezó a beber de nuevo estuvo dispuesto a aceptar el largo proceso de recaída que había culminado en el regreso al alcohol.

Un amigo de Patrick me consultó, me pidió sugerencias para apoyarlo. Mi recomendación fue tener una reunión con Patrick y algunos de sus amigos de AA para hablar con él sobre lo que había hecho. Mi intención era aumentar el estado de darse cuenta de Patrick de aquello que podría hacer que fuera distinto, y sobre cómo su conducta afectaba a los demás. Hice esto junto con otro terapeuta, y esto ayudó a Patrick a hablar con mayor libertad sobre su vergüenza por haber consumido de nuevo y también para escuchar a los demás hablar sobre su relación con ellos.

Ni David ni Patrick pasaron por la tercera etapa de recuperación. Patrick nunca desarrolló la competencia interpersonal ni se permitió a sí mismo experimentar la variedad de límites de contacto con los otros. No diferenciaba ni contactaba plenamente con los demás, sino que se conformaba con una forma "como si" de confluencia. Los demás no conocían su experiencia. David se enfocó tanto en adónde iba, que dejó de darse cuenta de dónde había estado y descuidó sus relaciones actuales. Ambas recaídas se caracterizan por una pérdida de darse cuenta, por basar el foco en la actividad, lo cual recrea el patrón de contacto de la adicción a través de mucha actividad. La otra coincidencia en ambos casos es la disminución o pérdida de contacto interpersonal.

Asuntos inconclusos

En terapia Gestalt, el principio de asuntos inconclusos describe el proceso persistente y natural de nuestra necesidad de tener un cierre o resolución de las experiencias. Siempre tenemos temas pendientes, pues no todas las situaciones pueden resolverse por completo. Para los adictos en recuperación, los asuntos personales e interpersonales no resueltos pueden conducir al regreso del consumo de drogas. Esto sucede cuando el asunto inconcluso —un recuerdo, por ejemplo, o una cuestión de orientación sexual— continúa en el darse cuenta del adicto y él necesita lidiar con el sentimiento que provoca ese recuerdo o esa cuestión. Debido a que este patrón puede conducir al consumo de drogas, AA y NA se enfocan de manera considerable en terminar con conductas del pasado. El siguiente caso es un ejemplo del efecto de los asuntos inconclusos en la recaída del adicto.

Alice: Timidez crónica

Alice estuvo en abstinencia más de 10 años. Asistía a reuniones de AA de manera regular y hablaba en el lenguaje del programa, pero Alice nunca había lidiado con su intenso miedo a las personas, especialmente con el miedo a conocerlas por primera vez. Entraba a las reuniones y de inmediato se sentaba atrás. Si alguien se acercaba, sonreía y le daba la mano. No iniciaba conversaciones, excepto en raras ocasiones con personas que ya conocía. A menudo asistía a pequeñas reuniones —pero nunca se permitía estar en pequeños grupos—. Podía trabajar desde su casa y mantenía la mayor parte del contacto con los demás por teléfono. Alice se negaba a acudir a terapia como sugería su madrina de AA y sus amigos, porque "el programa me da todo lo que necesito".

Después de que Alice empezó a asistir de manera regular a ciertas reuniones, se sentía menos ansiosa con respecto al contacto interpersonal que pudiera experimentar en ese lugar. Al ser una insaciable lectora, devoraba la literatura de AA y era capaz de citarla por capítulo y verso. Su vida mejoró cuando dejó de beber, y era capaz de disminuir su miedo a los demás.

Sin embargo, con el tiempo, Alice no pudo seguir trabajando desde su casa; tuvo que ir a trabajar a un ambiente de oficina grande con muchos empleados. Alice se ponía ansiosa en esta situación y "muy nerviosa". Se sentía abrumada por su experiencia cotidiana y poco a poco dejó de acudir a las reuniones para poder reponerse del día. Una tarde, Alice se detuvo en una tienda de licor y compró una botella de camino a casa después del trabajo. No bebió, pero se sentía "más segura" sabiendo que tenía la botella con ella. Alice sintió cada vez más dificultad para enfrentar a las personas en el trabajo y evitaba tareas que la hicieran tener contacto con los demás. Este patrón hizo que su desempeño se viera afectado y despertó la preocupación de sus compañeros. Su supervisor la confrontó y, cuando se ausentó unos días por sus miedos, le dieron una opción: o buscaba tratamiento o perdía su trabajo. Alice pidió una cita al día siguiente.

El foco inicial de mi trabajo con Alice era ayudarla a examinar lo que la había llevado a su proceso de recaída y casi volver a beber. De lo que se dio cuenta fue de su patrón de evitación social. En su recuperación, nunca había ido más allá de su estrecho círculo de seguridad, y no había desarrollado formas de lograr sentirse más segura de sí misma. En terapia, ella hablaba de sus miedos y de cómo el alcohol la había ayudado a sentirse segura, "como una cobija caliente".

Alice regresó a las reuniones de AA y siguió en terapia. El foco constante en nuestro trabajo era ayudarla a resolver o trabajar con sus miedos a los demás. Esto la llevó a recordar el miedo de su infancia a los grupos grandes, que empezó cuando sus papás se estaban divorciando. Mediante visualizaciones de estar en esos grandes grupos, Alice experimentó lo asustada que había estado de niña. Continuó este trabajo individual al incorporarse a un grupo de terapia en el que desarrolló y practicó el autoanclaje y estar en contacto con los miembros del grupo de manera individual, en vez de verlos como una masa, como había visto a los grupos de niña. En terapia, Alice empezó a trabajar con las tareas de la segunda etapa de la recuperación, especialmente la de tolerar el contacto con los demás y empezar a definir sus límites, o sentido del *self* en relación con los demás.

Tanto en la experiencia de Alice como en la de David, el regreso al ciclo de la adicción empezó antes de realmente volver a beber. Ni David ni Alice tuvieron pensamientos o fantasías secretas sobre beber un trago; ni era la intención de ninguno de los dos.

Tanto David como Alice tenían asuntos sin resolver o inconclusos en los que no habían trabajado en la recuperación. Para David, era su sensación de ser un fracaso; para Alice, su aversión fóbica a los demás. Cada uno empezó la recuperación y finalmente se quedó atorado en un patrón de hábito, sin explorar la importante apuesta que seguía. Estos cambios no eran observables al inicio desde una perspectiva conductual; ambos asistieron a reuniones durante años y su vida parecía funcionar, pero si vemos su proceso desde el punto de vista de la automodulación, estrechaban o reducían sus interacciones con los demás, y regresaban al estilo de contacto en el que iban de la sensación a la acción con un mínimo darse cuenta.

Recaída crónica

Uno de los patrones más comunes de la recaída es cuando el adicto en recuperación está en abstinencia y en recuperación por periodos cortos, y regresa al consumo de drogas una y otra vez. Este es el tipo de recaída que los orientadores y terapeutas ven en los centros de adicción de pacientes externos y en las unidades de desintoxicación. El lapso entre los consumos de droga varía desde unas cuantas semanas hasta un año.

Lo que he visto que se repite es que el adicto que recae pasa por un lapso o una etapa de recuperación similar, y después vuelve a consumir. Muchos de los que trabajamos con estos adictos hemos sentido frustración y confusión frente a este proceso. Puedo pensar en muchas ocasiones en las que me he preguntado qué me faltó.

Una imagen de esta experiencia frustrante es la de un profesional clínico en una sesión de supervisión en la que literalmente se rascaba la cabeza y decía, "no sé". A veces, como profesionales, encontramos consuelo, como hacen los miembros de AA y de NA, en pensar en una explicación para la recaída del adicto: "él nunca aceptó su impotencia... ella no ha terminado de beber aún..." Esos análisis *a posteriori* pueden ser útiles para explicar, pero ofrecen poca dirección en el trabajo con la recaída.

Lo que me resulta evidente es que el adicto que recae de manera crónica ha establecido un ciclo que incluye el consumo de drogas, la abstinencia y el consumo de drogas de nuevo. Si sigue recayendo, entonces necesitamos abordar este ciclo en terapia. ¿Cómo le resulta funcional este ciclo a este adicto? ¿Es acaso la meta del adicto la recuperación, o solo una abstinencia temporal o un alivio frente a la tensión de consumir drogas? ¿Qué aprende el adicto que recae de manera crónica durante la abstinencia y cada recaída subsiguiente? ¿Cómo el trabajo continuo con esta persona en terapia puede reforzar o hacer que este patrón sea normativo? Estas son algunas preguntas que me ha parecido útil plantearme a mí mismo y a cualquier adicto en esta situación para poder abordar el patrón de recaída crónica como automodulación.

Toni: "Cuando las cosas se ponen aburridas, empiezo a consumir de nuevo"

Toni fue tratada en unidades de desintoxicación en más de 10 ocasiones en tres años. Cada vez que empezaba el tratamiento, había consumido crack y alcohol. Para cuando pidió una cita para verme, prácticamente se había dado por vencida en todo lo que no fuera su patrón de abstinencia durante unas cuantas semanas antes de empezar a consumir de nuevo.

La primera pregunta que le planteé a Toni fue si se veía a sí misma como una adicta. La segunda fue qué le gustaba de su patrón de consumir y volver a la abstinencia. La respuesta a la primera pregunta fue que estaba segura de que era una adicta. Su reacción inicial a mi segunda pregunta fue de sorpresa. Decía que se sentía confundida y que todos le habían dicho siempre que era "la enfermedad" la que la hacía drogarse.

Debo haber sonreído cuando dijo esto, pues se veía molesta y señaló: "tú no me tomas con seriedad". Le respondí que yo quería tomarla con seriedad pero que me costaba trabajo la idea de que "eso" la hizo drogarse. Hablamos sobre esta creencia de que algo externo decidía su vida. Le sugerí un experimento que podía ayudarla a vivirse como el actor en su vida. Le sugerí que actuara la parte de la *adicción*, que actuara el "eso" que la hacía hacer cosas.

El resultado de este experimento fue sorprendente. En vez de estar confundida, Toni parecía clara y directiva. Se puso de pie en una silla y dijo: "consumiré por un tiempo; entonces, cuando me sienta enferma, dejaré de consumir, descansaré y cuando las cosas se pongan aburridas, empezaré a consumir de nuevo. De esta forma puedo mantenerme fresca cuando consuma. Tengo un par de años más para hacer esto".

Cuando Toni terminó, le pregunté cómo se percibía a sí misma. Dijo que se sentía fuerte y eso era muy distinto de cómo se había sentido antes de cada recaída. Todas esas otras veces ella se había sentido arrepentida y culpable. Lo que la sorprendía sobre el juego de roles era la forma en que hacía "esto porque hay cosas que me gustan de mi estilo de vida".

Toni y yo acordamos que no tendría otra cita de terapia a menos que ella lo decidiera, que no asumiríamos su elección. Esto me pareció un riesgo, sabía que podría volver a consumir de nuevo, y sí lo hizo una vez más. Pero después de ese regreso a las drogas me llamó y me dijo: "estoy lista para dejar de hacerme esto… quiero ir a terapia y a las reuniones". Hicimos una cita para la siguiente semana.

Esta escena con Toni ilustra la diferencia entre el cliente y el terapeuta que actúan como si el adicto que recae fuera una víctima de algún proceso externo, y el cliente y el terapeuta que abordan la recaída del adicto como una forma de automodulación. Toni es un ejemplo de cómo la recuperación y el evitar una recaída se basan en que el adicto se apropie de su conducta y asuma la responsabilidad de si decide consumir de nuevo o detiene el patrón. Mientras ella y sus terapeutas trataban su recaída como parte de un evento epidemiológico, la conducta de Toni y sus elecciones seguían siendo externas.

La recaída de recuperación condicional

Describo este tipo de recaída como condicional porque el adicto en recuperación ha puesto ciertas condiciones para su recuperación. Estas condiciones pueden ser: "estaré sobrio siempre y cuando no sufra más de lo que sufría cuando consumía", o "no sé si podré no consumir si mi esposo se muere".

Otro tipo de condición son las reservas que tienen algunos adictos con respecto a regresar a los viejos compañeros con los que bebían, a los vecindarios, o a la posibilidad de volver al consumo con una droga distinta. El peligro de regresar a otra droga debería ser obvio. El problema de frecuentar a las antiguas personas o lugares podría no ser tan claro para los profesionales clínicos que están menos familiarizados con el contexto de la adicción. Para los adictos, todo el entorno en el que ingerían drogas es altamente evocador del acto de consumir. Imaginen las primeras cuatro notas de una pieza musical, digamos, la Quinta Sinfonía de Beethoven: "¡da da da dum!". Traten de no tararear la cuarta nota. Nos sentimos obligados a terminar la frase. Parece natural y necesario. Para los adictos, rodearse de las personas con quienes consumieron en el mismo escenario es como la frase musical. Terminar consumiéndola parece natural, es terminar la frase. El siguiente caso de estudio es un ejemplo de un adicto en recuperación muy talentoso y brillante que recayó por estas condiciones.

Jamal: Hombre camaleónico

Jamal creció en una familia afroamericana de clase media, asistió a una preparatoria cerca de su casa y empezó como profesor practicante. Para los demás, Jamal se veía como un joven estable de clase media. En realidad, había empezado a consumir marihuana a los 14, comenzó a beber al poco tiempo y había pasado a la heroína para cuando ingresó a la preparatoria. Jamal siguió siendo funcional durante toda su adicción activa. Era capaz de mantenerse gracias a su inteligencia, su ingenio y su buen aspecto, y había logrado arreglárselas en muchas situaciones de la escuela y con la policía. Jamal dejó de consumir drogas cuando tenía 23. Lo obligaron a iniciar un tratamiento por haber sido arrestado reiteradamente.

Cuando Jamal entró a rehabilitación, usó esas mismas habilidades. El centro de tratamiento al que ingresó seguía el modelo de Synanon. Este método de tratamiento emplea la confrontación en grandes grupos, y técnicas terapéuticas interactivas intensas que buscan romper las defensas de los adictos en el tratamiento. Esta metodología, que fue más común en las décadas de 1960 y 1970 de lo que es ahora, tiene la intención de lidiar con los aspectos caracterológicos de los adictos (y alcohólicos). El patrón de Jamal de mantener y adaptarse a su ambiente fue rápidamente percibido por los residentes y el personal del centro. Lo apodaron Camaleón, por su habilidad para integrarse al ambiente. Yo trabajaba en este centro cuando Jamal entró al tratamiento. Tuve unas cuantas interacciones con él, pero pude verlo actuar en la comunidad más amplia. En este nivel de sistema, Jamal y otros residentes debían anunciar su juego particular. Este ritual tenía como objetivo hacer que la comunidad se diera cuenta del tema con el cual trabajaba cada adicto en su tratamiento individual. Repetir esa afirmación tenía efecto en la persona que la emitía. La declaración de Jamal era: "¡Yo soy un camaleón y no puedes ver quien soy en realidad!". Él decía esto unas 10 veces al día todos. Por supuesto, la comunidad entera veía a Jamal, hasta que un día se molestaron con él y empezaron a enfocarse en su comportamiento.

Cuando yo veía estas interacciones, me llamaba la atención la cara de Jamal mientras hacía las declaraciones. A veces tensaba su rostro y parecía empujar las palabras hacia fuera. A menudo no veía a nadie al hablar. Era como si estuviera hablando al vacío. Cuando los miembros de la comunidad confrontaron a Jamal, él se veía impasible, sus ojos en blanco y enfocados más allá del interlocutor. Me senté con Jamal después de una de esas interacciones y le pregunté cómo era para él. Me miró casi como una curiosidad y dijo: "está bien, puedo hacer esto todo el tiempo". Le dije a Jamal qué era exactamente lo que me preocupaba de él: me preguntaba *cómo* era capaz de hacer esto todo el tiempo. Dejó de mirarme y empezó a hablar con alguien más.

Jamal dejó el centro de tratamiento y siguió en abstinencia unos tres años. Debido a su habilidad para expresarse y su educación, le ofrecieron un trabajo como consejero en adicciones. Esto encajaba con el patrón de Jamal de enfocarse más en ayudar o en intervenir con los demás, que con prestar atención a su *self*, un viejo patrón para él. Un año después, promovieron a Jamal y le dieron más responsabilidad y trabajó de manera más independiente. Había regresado a su viejo patrón familiar de *hombre respuesta*: una persona que sabía qué decir a los demás y cómo dirigirlos para recibir ayuda. De hecho, Jamal fue de gran ayuda para los demás y ayudó a muchas personas a dejar las drogas y el alcohol. La desventaja de este patrón era que Jamal se daba cuenta más de los demás, que de sí mismo, y se veía a sí mismo más allá del consumo.

En su sexto año de sobriedad, Jamal empezó a visitar su antiguo vecindario de nuevo, para "ver cómo estaban las cosas y tal vez ayudar a algún viejo amigo". Irónicamente, el resultado de la primera de estas visitas fue que Jamal notó lo bien que se veía en comparación con las personas que aún consumían drogas. Como muchos que son principalmente drogadictos, Jamal tenía reservas con respecto a beber alcohol. Después de seis años y medio de sobriedad, Jamal tomó su primera copa de vino en una cena con una mujer que no tenía idea de que él era un adicto. Sintió el calor del alcohol en su cuerpo y no pasó nada más. Decidió que no bebería más esa noche. Sin embargo, con el tiempo, Jamal empezó a tomar más y más vino con las comidas e incluso a comprar una botella para llevar a casa.

En un momento dado, Jamal volvió a consumir, primero marihuana y después heroína. Llegaba tarde al trabajo y a veces ni siquiera llegaba. Era capaz de no sentir ninguna contradicción al ayudar a otros a dejar de consumir mientras él se inyectaba heroína, una continuación de su patrón de vida de separar su propia experiencia de la de los demás. Podía ver claramente fuera de sí mismo, pero seguir sin darse cuenta de las contradicciones en su propia conducta. Debido a sus llegadas tarde y a su ausentismo, Jamal fue despedido de su trabajo. Esa misma semana, la mujer con la que había estado saliendo lo encontró con una aguja en el brazo, inconsciente, en su cuarto. Ella estaba conmocionada y llamó a una ambulancia. Jamal no estaba en riesgo inminente, simplemente se había desmayado. Sin embargo, fue llevado a un centro de desintoxicación —el mismo en el cual había trabajado apenas tres semanas antes— y referido a una unidad de tratamiento para las recaídas.

El énfasis principal en el tratamiento de Jamal estuvo en el estilo de vida contradictorio que había llevado casi toda su vida. Jamal podía ver y ayudar a los demás y, sin embargo, era inmune a cualquier ayuda u opiniones de los demás. Por primera vez en años, Jamal mostró enojo y estalló en una sesión de terapia de grupo tras ser confrontado por el líder y por miembros del grupo con respecto a su patrón. Su enojo sensibilizó a Jamal tanto, que les dijo: a todos los del centro lo incompetentes que le parecían en comparación con él.

Yo estaba trabajando como consultor en esta unidad y reconocí a Jamal un día que salió enfurecido de un cuarto. Me preguntó si podíamos hablar y me contó la historia de su recaída. Cuando terminó, Jamal dijo: "bueno, supongo que no te sorprende". Le dije que me sentía más aliviado de que estuviera vivo y que me alegraba escucharlo expresar su enojo. Estuvo de acuerdo en hablar durante el tratamiento, si lo requería.

El personal que lo trataba apoyó a Jamal en su brote de enojo, alentándolo a "sacarlo", al darse cuenta de que por fin él se expresaba emocionalmente. Cuando terminó, el personal le preguntó cómo se sentía. Respondió que podía sentir todo el cuerpo y que se sentía enojado y harto. La importancia de esta interacción es que Jamal empezó a experimentarse a sí mismo en vez de estar enfocado solo en lo que los otros querían o hacían. La paradoja es que al apoyar su enojo hacia los demás, fue capaz de experimentarse plenamente a sí mismo. El estilo de contacto de Jamal era de sensibilización superficial o mínima; no podía permitirse sentir mucho. Un resultado de este proceso fue que él (y los demás) se vivió a través de su imagen o presentación "como si". Jamal daba la impresión de que las cosas no le afectaban, como si no tuviera dudas y estuviera siempre en control. Esto lo dejó aislado y sintiéndose distinto de los demás. Su elección de drogas desensibilizadoras (alcohol, heroína, marihuana) contribuyó en ese patrón de ocultar la sensación.

Después del tratamiento, Jamal regresó a las reuniones de 12 pasos (tanto de AA como de NA) y encontró lo que llamó un "empleo normal", en un restaurante. Decidió que era fundamental no regresar a un puesto que lo separara de sus compañeros. Esto era importante porque Jamal tendía a aislarse y a sentirse inmune e intocable. Para él, la etapa crucial era la de conectarse y experimentar su similitud con los demás. Se involucró en un grupo de recuperación de hombres afroamericanos, donde llegó a sentirse integrado. Le sugerí este grupo porque me parecía que parte de su experiencia de sentirse distinto tenía que ver con las diferencias culturales. Estuvo de acuerdo con esta interpretación y después me comentó que ya era "parte de un grupo".

Trabajar con Jamal (y con otros adictos) me ha hecho darme cuenta de la limitación de las alianzas terapéuticas tradicionales. En cierto sentido, nuestro trabajo no era suficiente para él; necesitaba regresar a *su* comunidad afroamericana como un hombre sobrio. Su conducta camaleónica no es inusual en algunos miembros minoritarios en un sistema dominado por una mayoría (como sucedía en el centro de tratamiento y en algunos campos de psicología, terapia y trabajo social). Para poder apropiarse plenamente de su recuperación y de su cambio, Jamal necesitaba experimentarse a sí mismo en el contexto de otros afroamericanos en recuperación.

Jamal también es un ejemplo de un adicto que recae después de cierto periodo de abstinencia. La pregunta común es: ¿cómo sucede esto? *Si no pasó simplemente, entonces él tomó algunas decisiones sobre sus pensamientos y conductas.* El lenguaje que empleamos en torno a la adicción revela nuestro sesgo. Como muchos adictos que consumen después de un periodo de abstinencia, Jamal hizo algunas cosas y no hizo otras. Eligió beber café y refrescos en bares, y se asoció con personas que no sabían que él era adicto y con otras que consumían alcohol y drogas. Creó el escenario perfecto para beber: anonimato y un ambiente propicio para el consumo. Al asociarse con personas que no sabían sobre él, Jamal dependía exclusivamente de sus propios recursos para no tomar. No había integrado la segunda fase de la recuperación. Tenía reservas con respecto a beber alcohol y no involucraba a otros para que lo ayudaran a retroflectar la acción de consumir.

Recuperación a largo plazo solitaria

Muchos adictos en recuperación a largo plazo terminan sintiéndose aislados y desconectados después de años de recuperación. Como ocurre con parientes ancianos, muchos de sus compañeros han muerto o regresado al consumo de drogas. El resultado es una sensación de extrañeza y desconexión del sistema de apoyo.

Ed: Desconocido y enojado

Después de 10 años en recuperación, Ed dejó de asistir a las reuniones porque "no aprecian todo lo que he hecho". Se refería a haber empezado varias reuniones y a hacer café y a limpiar cada semana durante cinco años. Cuando el grupo de AA quiso celebrar su décimo aniversario, Ed se negó a asistir. No permitía que los demás lo apreciaran o reconocieran. Su explicación era que lo hacían sin estar convencidos, y que debieron haberlo reconocido antes. Estaba enojado y amargado; pero principalmente, herido por lo que él percibía como falta de reconocimiento. Su foco estaba exclusivamente en los demás y en cómo *lo trataban*.

La raíz de todo esto era un incidente en el cual un recién llegado a la reunión olvidó el nombre de Ed y su noveno aniversario cuando hacía los anuncios. Le pedí a Ed que imaginara que él era una cámara con ruedas, y que podía moverse para atrás y para adelante para experimentar distintas perspectivas de sí mismo en el grupo. Cuando se hizo para atrás, vio "toda la escena... lo que estaban tratando de hacer al reconocer mi aniversario... cómo me veo herido y me retiro mientras ellos me hablan. Puedo ver lo herido que estoy y cómo el grupo parece no notarlo. Ellos asumen que estoy bien porque he estado sobrio 10 años. Puedo ver cómo me enojo". Ed pudo identificar su herida y finalmente regresar a las reuniones. Estaba dispuesto a hablar sobre su experiencia en la terapia.

No todos los adictos en recuperación tienen el apoyo del sistema para la terapia; si no se examina su trayectoria, su proceso se puede volver similar al de la conducta al beber, excepto que sin la droga o la bebida, un proceso que se conoce como *borracho seco*. El proceso del adicto en recuperación empieza a parecerse al ciclo acortado descrito en el capítulo 2, donde se pasa rápidamente de la sensación a la acción habitual, en este caso, la retirada de los demás y muy poco o ningún darse cuenta del *self*. Este proceso es lo que Gorski y Miller describen como una etapa de la recaída hacia la bebida o el consumo de drogas.

Estos ejemplos muestran los distintos caminos por los cuales los adictos en algún tipo de recuperación regresan a la adicción activa. En cada historia de cada persona está el patrón de algún tipo de desconexión o alejamiento de los demás. Como sucede a lo largo de su adicción, estos adictos que recaen primero modulan su propio darse cuenta de sí mismos, enfatizando la acción y desensibilización por encima de la reflexión y su darse cuenta sensorial. Todos dejan de pasar por las etapas de la recuperación y regresan a conductas anteriores, en las que apenas controlan sus propios límites.

Las aproximaciones terapéuticas que he descrito se basan en un campo experiencial y recalcan el aumento de darse cuenta de sí mismo y de su conducta. Esta es la aproximación característica de la terapia Gestalt y una aproximación adecuada para los adictos que recaen, que por naturaleza se distancian de su experiencia, a menudo al intelectualizar sobre sí mismos. Estas intervenciones también están diseñadas para alentar a los adictos (por ejemplo, Toni) a que se responsabilicen de sus conductas, ya sea al dirigirse a la droga, o hacia el contacto con el *self* y los otros.

La recaída se presenta en la recuperación a largo plazo en parte debido a los aspectos subdesarrollados del *self* y del autoapoyo, así como al asumir que con no tomar o no consumir es suficiente. Pero no beber o no consumir apenas es sobriedad. *La recuperación* es el proceso personal por el cual se desarrolla y se expande cada vez más el *self* en relación con los demás. Irónicamente, la recaída puede ser el aprendizaje que el adicto en recuperación requiere, por difícil que nos resulte a los profesionales clínicos. Patrick probablemente no hubiera sido capaz de escuchar de los demás lo que aprendió mediante la recaída. El riesgo, por supuesto, es que esta pueda ser larga y perjudicial o incluso fatal, en vez de educativa. Muchos adictos no regresan de la recaída.

Este capítulo se ha enfocado en distintas recaídas durante la recuperación. Recaer es un asunto clínico importante pero no exclusivo al trabajar con adictos en recuperación. El siguiente capítulo se centra en las diferencias individuales entre los adictos en recuperación y en el efecto que tienen estas diferencias en la recuperación, así como en las intervenciones clínicas posibles. Estas complejidades de las diferencias individuales de los adictos en este proceso representan otro reto clínico.

Capítulo 8. Diferencias individuales

El tratamiento de adicciones actual tiende a acentuar las características comunes entre los adictos. El viejo adagio "todos los adictos son iguales, la adicción es la misma", sigue siendo una sentencia en los centros de tratamiento y en los programas de 12 pasos. La precisión percibida de estas aseveraciones se debe a la forma en la que los adictos parecen compartir algunos sentimientos —tal vez de manera más extrema de la que encontramos en la población general— como la culpa y la inseguridad, una tendencia común hacia la sobreestimulación o incluso hiperactividad, y el uso compulsivo de drogas.

Los adictos, sin embargo, varían mucho, tanto en términos de su desarrollo personal como en sus experiencias socioculturales y en las relacionadas con el género, fuera de su adicción. Por ejemplo, pensemos en una chica de 17 años que ingresa a tratamiento después de consumir drogas desde los 13. Su habilidad para moverse en el mundo y establecer contacto con los demás, así como su sentido de identidad estará reducido por su intoxicación y por sus experiencias de contacto inconclusas. Aunque todas las experiencias de vida son importantes, las experiencias de la adolescencia son formativas y moldean la forma en que interactuamos socialmente y nuestro sentido de confianza en nosotros mismos. Este tipo de moldeamiento de la base influirá en la forma en que esta joven mujer interectuará en su vida adulta. No solamente "saldrá de las drogas" y alcanzará a sus compañeros. Además de las tareas de la recuperación descritas, la recuperación para ella incluirá reexperimentarse a sí misma relacionalmente sin la droga y necesitará desarrollar nuevas maneras de lidiar con su propio cuerpo cambiante, con su sentido de competencia y con la forma en que el mundo la percibe.

Por el contrario, una mujer de 45 años, corredora de bolsa, que empezó a beber a los 32 años, está en una situación muy distinta. Fue a la universidad y obtuvo un MBA antes de que el alcoholismo se presentara en su vida. Aunque su forma de beber puede haber tenido costos personales y profesionales, ha tenido la experiencia de iniciar, dirigir e influir en las personas. Su identidad se vio afectada por su manera de beber, pero ha desarrollado ciertas competencias sociales de las que puede echar mano en la recuperación. Luce tranquila y es excelente para solucionar problemas. Su dificultad consiste en permitir que los demás le brinden apoyo. El tratamiento para ella puede enfocarse en el valor de compartir el control con los demás.

Así como la máxima "todos los adictos son iguales" no aporta ninguna ayuda al terapeuta que se enfrenta con mujeres como las dos aquí descritas, tiende a quedar corta en la práctica al trabajar con cada individuo (único) que transita por las etapas de recuperación. Cada adicto tiene su propio nivel y su propia forma de organizar su personalidad, su desarrollo psicológico y cognitivo, edad, género y fondo contextual de cultura y raza. Estas diferencias pueden no requerir distintos tipos de tratamiento, pero pueden ser guías para los terapeutas para entender los asuntos contextuales de la recuperación. Son importantes porque presentan diversos fondos a partir de los cuales las figuras del consumo de droga y alcohol pueden surgir. Más aún, las diferencias entre los adictos se vuelven más importantes en el curso de la recuperación. Las tareas de este proceso tienden a variar entre los adictos después de las etapas iniciales.

Diferencias en la organización de la personalidad

Uno de los supuestos en el tratamiento de las adicciones y de la comunidad en recuperación es la llamada personalidad adictiva. Por desgracia, la investigación no apoya la idea de que exista una personalidad compartida por los adictos. Jerome Levin y otros han llegado a esta conclusión después de analizar y revisar los distintos estudios y ejemplos clínicos.

Por la forma en que he descrito a los adictos, sí comparten ciertos estilos de contacto y de conducta, que van desde la intolerancia a la sensación, a un hambre o anhelo de espiritualidad. Pero la adicción es un estilo de contacto más que una personalidad, un estilo que se relaciona con, pero que es solo una parte de esta. Gary Yontef describe varios aspectos de la personalidad, todos consecuentes con la idea de que la personalidad es un proceso. Estos aspectos incluyen las funciones del contacto vigentes y las capacidades que moldean la forma en que una persona entiende, experimenta y potencialmente integra el contacto con los demás.

La otra distinción que encuentro útil es la de la adicción primaria y secundaria. En el alcoholismo *primario* (o adicción), no existe ninguna condición psicológica preexistente identificable. Los adictos primarios tienden a recuperarse mediante el proceso descrito en las etapas de la recuperación. Sus capacidades para establecer contacto regresan o se desarrollan con un patrón fluido. Su paso por las etapas depende de su disposición a experimentar y de los sistemas de apoyo ambientales.

El término *adicto secundario* se refiere a la persona que experimentó cierto desorden emocional o cognitivo preexistente, antes del abuso y la dependencia de las drogas o el alcohol. La más común de estas condiciones preexistentes o coexistentes son los tres desórdenes de la personalidad: *borderline* —caracterizada por relaciones inestables, un sentido distorsionado del *self* y reacciones emocionales fuertes—, narcisista y antisocial. Con personas así, el peligro de un avance debido a la adicción es tan potencialmente letal como en los adictos primarios. Si en realidad son adictos, su adicción no es un síntoma de su personalidad, sino un patrón que coexiste con su personalidad. De hecho, estos clientes, que Denis Daley, Howard Moss y Frances Campbell dicen que exhiben *trastornos duales*, pueden consumir drogas o alcohol como una forma de medicarse para disminuir su incomodidad o para apoyar su necesidad de estimulación o desensibilización. Como sucede con otros adictos, lo que empieza siendo una automodulación útil, después se hace difícil y, más adelante, imposible de controlar.

Mi experiencia ha sido que ayudar a adictos así a dejar de beber o de drogarse no hace que restauren sus relaciones interpersonales. Uno de los retos para estos clientes es la tarea de complementariedad de la segunda etapa de la recuperación. En general, tienen dificultad para vivir en un campo de contacto igual y compartido. Ni la simple abstinencia mejora su habilidad para tolerar el contacto. De hecho, la persistencia de ciertas conductas y dificultades en la recuperación puede ser diagnóstica de un trastorno de la personalidad generalizado. En muchos casos la ausencia de drogas coincide con sentimientos, pensamientos y patrones de interacción más intensos.

Para distinguir estas conductas de la recuperación normal presento algunas descripciones y ejemplos. Esto es importante porque, como Daley, Moss y Campbell señalan, muchos de los rasgos de los trastornos de la personalidad existen en la población general, pero en un grado menor que entre los adictos.

Adicto *borderline*

Para este tipo de adicto, la dificultad emerge después de un tiempo de recuperación, aunque una exhaustiva revisión de su historia puede identificar algunos patrones de dificultad tempranos en las relaciones y en la identidad personal. Muchos adictos se comportan de acuerdo con los patrones altamente reactivos e intensos que asociamos con la personalidad *borderline* (de frontera) al consumir de manera activa, por lo tanto, cierto periodo de abstinencia es necesario para determinar si un adicto tiene realmente esta personalidad.

Los adictos con personalidad *borderline* tienen grandes dificultades para las relaciones interpersonales. De acuerdo con Elinor Greenberg, los adictos *borderline* oscilan entre una fusión idealista con los demás, y enojo, miedo al abandono e intentos enfurecidos por aniquilar a las personas significativas que antes valoraban. Casi siempre luchan por ser miembros de cualquier sistema, grupo o programa, y tienden a sentirse rechazados por los demás y también a demandar atención y cierto tipo de fusión o unión de límites con los demás. Debido a esta demanda de un otro idealizado, el adicto *borderline* a menudo se siente decepcionado y enojado. Para tales individuos las reuniones de 12 pasos y los programas son oportunidades potenciales para la fusión. Suele ser la misma experiencia que crean en la terapia o en el tratamiento. La lucha para el *borderline* es el *self* en la relación; dar y recibir de forma recíproca que cocrea un límite compartido entre las personas en la vida cotidiana.

Las personalidades *borderline* tienden a dividir a los demás en buenas y malas personas, lo que se considera una proyección de su propia división interna. Para el adicto *borderline*, la abstinencia no suele ser una figura tan importante como encontrar personas "buenas" que los comprendan. El problema con esto es doble: que estos mismos individuos, a menudo por un descuido o por alguna falta de atención a la persona *borderline*, se vuelven personas "malas", y que el adicto *borderline* no llega a experimentar su propio sentido de bondad o maldad. En vez de eso, proyecta su experiencia interna en los demás. En ese proceso, normalmente irrita o abruma a los miembros de su sistema de apoyo en la recuperación. Esta etapa de conexión con un grupo es extremadamente difícil para estos adictos. Su necesidad de fusión y de diferenciación pueden dominar el campo de tal manera, que se quedan al margen de sus programas de recuperación. Si están en terapia individual, entonces esto se vuelve el foco principal en su vida y puede también terminar en otra decepción. Es fácil para el terapeuta y el adicto terminar muy enredados y perder el foco en la recuperación. Celia, una adicta que había llegado a "entrevistarme" como potencial terapeuta, sirve de ejemplo de este proceso. Ella había estado en terapia muchas veces antes (más de 10) y nunca había encontrado a un terapeuta que la entendiera. Hacía poco, se había metido en una serie de conflictos en su grupo de AA que parecían estar basados en su sentimiento de no obtener el apoyo suficiente de los demás. Estaba enojada y culpaba a todos por fallar en cubrir sus necesidades. Su razón para venir a verme era que yo pudiera entenderla. Le dije que no sabía qué podría hacer distinto de lo que habían hecho los demás y que sospechaba que al final la decepcionaría. Ella se puso furiosa y me gritó que yo estaba implicando que era su culpa. Hablamos de esto por un tiempo. Le dije que creía que todos somos responsables por nuestras interacciones, así como yo asumía responsabilidad por la nuestra en ese momento. Le dije que si actuaba como si pudiera hacer algo por ella que nadie más había podido hacer, estaría engañándola.

Al trabajar con Celia, yo ponía atención a los parámetros de nuestra relación. Hice esto porque era su foco y su lucha principal fuera de la terapia. Al creer que probablemente seguiríamos el camino de sus otras relaciones, enfoqué el compromiso de nuestro trabajo en sus expectativas y en lo que yo creía que podía hacer y que haría. No quería prometerle que yo sería "bueno" y cumpliría todas sus expectativas. Mi declaración sobre mis limitaciones le era difícil de tolerar y evocaba su absolutismo interno. Fuimos capaces de explorar cómo este mismo proceso se generalizaba en todas sus relaciones.

Estos conflictos son típicos en las personas *borderline*. Lo importante es que pueden ser detonantes o justificaciones para consumir drogas de nuevo. Debido a este potencial, es importante que los terapeutas mantengan presente la lucha dual de estos adictos. Ambos procesos deben abordarse en la terapia: la recuperación de la adicción no alivia la escisión del *borderline*, ni al revés. Los programas de recuperación a menudo ofrecen un grado de intimidad que los adictos *bordeline* anhelan. La terapia es más útil cuando el campo es lo suficientemente ancho como para permitir la perspectiva completa del trastorno de la personalidad y de la adicción. Al trabajar con estos clientes, he encontrado que es útil mantener esa consciencia conmigo.

Adicto narcisista

Para algunos teóricos, la adicción y el narcisismo se han vuelto términos sinónimos. Durante mucho tiempo se ha considerado que los alcohólicos tienen rasgos narcisistas. De hecho, el énfasis en los programas de 12 pasos está en disminuir el egoísmo y en alejarse del egocentrismo para enfocarse en los demás. Claramente, el cofundador de Alcohólicos Anónimos, Bill Wilson, tenía fuertes rasgos narcisistas.

Pero el trastorno de personalidad narcisista es más que ser egocéntrico y sensible a la crítica. Los adictos narcisistas también tienen una limitada capacidad para establecer contacto con los demás; no se dan cuenta de su ambiente como algo distinto de ellos. Los adictos narcisistas suelen parecer muy capaces. Debido a esto, pueden llegar a ocupar puestos de liderazgo en los programas de 12 pasos, posiciones que manejan desde su propia perspectiva y sentimientos. Debido a su capacidad de verse bien, muchas veces no son detectados en los programas de tratamiento de las adicciones, donde el énfasis está en las metas limitadas en tratamientos cada vez más cortos y educación sobre la llamada enfermedad.

Con la adicción, esta limitación es la impotencia, la incapacidad para controlar la droga o la propia conducta al estar intoxicado. La segunda limitación con la cual se enfrentan es con la necesidad de tener apoyo ambiental tal como en los grupos de 12 pasos, o ayuda de los demás. Al escribir esto, recordé a Joe, un adicto narcisista que estaba en un centro de tratamiento en el que yo trabajaba. Sin importar lo que se le dijera, su respuesta inmediata empezaba con "yo sé". No podía permitirse parecer que aprendía algo, por miedo a parecer estúpido. Su necesidad de verse como sabelotodo estaba generalizada en todas sus interacciones. La lucha de este hombre fue tratada como una negación de su adicción.

Pasé algún tiempo trabajando con Joe durante su tratamiento. Como con otros adictos, el reto de Joe consistía en percibirse a sí mismo como igual en el mundo de los demás. Para hacerlo, él tuvo que correr el riesgo de sentirse humillado y también salir a experimentar a los demás. Le pregunté a Joe qué pensaba que los demás sabían y qué sabía él. Su respuesta fue rápida al inicio, y se refería a algo más que él sabía, pero evadió mi pregunta. La repetí dos veces hasta que al fin me miró. Respondió que él o los otros debían saber algo más. Le pregunté si él podía saber algo distinto de lo que yo sabía y que pudiéramos ser iguales. Su rostro se enrojeció y miró hacia otro lado. Me impresionó su aversión a mi propuesta de que podríamos complementarnos. Esto era impensable para él. Mi estilo de intervención con Joe era no confrontativo y de curiosidad, para apelar a su entendimiento, pero lo conduje a una tierra de sombras que rara vez se permitía experimentar: lo desconocido. Más tarde, Joe quiso saber lo que yo sabía, pero que no le decía, y trabajamos con su interés en mí y su miedo a no saber todo.

Irónicamente, las personalidades narcisistas pueden funcionar muy bien en los programas de 12 pasos si son capaces de dejar de beber. Estos programas pueden ofrecer un foro para que hablen de su tema favorito: ellos mismos. Esto es cierto también para los adictos narcisistas en terapia, a menos que el terapeuta aborde la terapia como un sistema de dos personas. Si no, el adicto narcisista sigue enfocado en el *self* y en una forma de presentarse a sí mismo superficial mientras el terapeuta escucha y reflexiona. Aunque este escenario podría parecer exagerado, es lo que ocurre de manera menos extrema en los adictos narcisistas. Recuerdo un comentario que Joe Melnick, un formador en Gestalt, hizo en un taller: "la meta de la terapia con los narcisistas es interesarlos en el terapeuta". Con los adictos narcisistas, esta ha sido también mi experiencia, aunque amplío esta meta a "hacer que se interesen en *alguien más fuera de ellos mismos*".

En relación con el proceso de la recuperación, el adicto narcisista requerirá que se le preste más atención en las etapas intermedias, aquellas enfocadas en las relaciones interpersonales. La dificultad en la recuperación inicial será admitir limitaciones, pero después, el vacío de la experiencia interna emerge en las situaciones interpersonales. Si no se desarrollan relaciones con otros, llenas de contacto en las etapas posteriores de la recuperación, pasar a lo transpersonal parecerá muy fácil para el adicto narcisista, pero con frecuencia esto será un reflejo de su propia imagen interna aislada en vez de estar anclada en los demás.

Adicto antisocial

La efectividad de la terapia Gestalt radica en la excitación y la ansiedad del adicto para desarrollar el trabajo. En cierto sentido, nos interesa y prestamos atención a la incomodidad, a los estancamientos y a otros temas difíciles, pero ¿qué sucede si existe una incomodidad mínima, pero existe enojo y la incomodidad del hambre o de la necesidad sexual? ¿Qué sucede si hay poca o nada de calidez, apego o interés en los otros, incluso cuando son heridos? Estas son algunas de las características del trastorno de personalidad antisocial, junto con la impulsividad, la falta de remordimiento, la deshonestidad y la irritabilidad. De acuerdo con Daly, Moss y Campbell, este es uno de los trastornos de personalidad más comunes entre los adictos. He trabajado con docenas de adictos antisociales tanto de manera institucional como en la práctica privada.

He encontrado que muchos adictos parecen antisociales cuando consumen; de hecho, muchos cometen delitos graves y parecen indiferentes ante el dolor de los demás. Las historias de vida de los primeros años son importantes para hacer estos diagnósticos. El otro elemento es reevaluar a estos clientes después de seis meses, un año y a los cinco años de haberse recuperado.

El contacto con los demás y con los grupos suele no preocupar a los adictos antisociales. No están interesados en el compañerismo o en la intimidad aun cuando puedan utilizar estas palabras. La recuperación normalmente se lleva a cabo en un marco utilitarista, pero el adicto antisocial tiene poca tolerancia ante cualquier contacto prolongado con los demás. Resienten la autoridad de manera notoria, a menos que ellos sean quienes están en esa posición. Mi experiencia al trabajar con estos adictos es que la mejor aproximación es la práctica. Al inicio de la recuperación, no molestarse por cómo se sentirán por lo que hicieron. La aproximación podría explicarse así: *"Consumir drogas me costó tiempo, lastimó mi cuerpo. Consumir drogas me generó problemas. ¿Qué debo hacer para no consumir drogas?"*.

Para los adictos antisociales este nivel de desarrollo es la forma en que organizan su campo. Están profundamente desensibilizados sin consumir drogas. En la recuperación, este patrón de desensibilización no termina con la abstinencia. Cualquier aproximación terapéutica que se enfoque en la sensibilización del adicto antisocial seguramente será infructuosa o tomará años para que se vea algún progreso. Los adictos antisociales podrían no pasar a las etapas más avanzadas de la recuperación. Si lo hacen y son capaces de hacer este trabajo, será una enorme lucha para el cliente y el terapeuta. El trabajo involucra luchas constantes a través de capas de desensibilización y desprecio. A continuación un ejemplo de un caso que ilustra esta lucha.

Scott

Scott era un hombre de 34 años que había pasado cinco años en prisión por lo que consideraba un cargo por drogas "falso". Dejó de consumir drogas y alcohol en prisión y se había unido a NA. A partir de que salió libre, regresó a la universidad y más tarde obtuvo un título en derecho. En su práctica como abogado fue acusado por violaciones a la ética y esta vez sí era inocente.

Cuando me llamó para concertar una cita, me impresionó lo poco emocional que sonaba. Durante esta cita inicial, Scott se veía imperturbable mientras me contaba cómo iba a hacer volar la oficina del hombre que creía que lo había acusado. Cuando hablamos, me asombró que en repetidas ocasiones mencionara daño corporal a otros sin mostrar ninguna emoción. Le pregunté sobre esto y se rio. "Así son las cosas... me hacen... les hago". La única manera en que Scott se echaba para atrás en sus violentas fantasías, era cuando yo le señalaba todo lo que podía perder (la práctica como abogado, un BMW, una casa hermosa) y le sugería que llevara a este hombre a juicio. En cierto sentido, sugerí que Scott usara el proceso legal como escape para su agresividad, una práctica que no es poco común en nuestra sociedad. Scott decidió que yo era un terapeuta "útil" y programó otra cita. Ese día llevó una caja de peras frescas. Este gesto es clásico en prisión, un favor por un favor. Pensé en este regalo por un momento y tomé las peras, pero dije que tenía una pregunta. Mi pregunta era una que perseguimos Scott y yo durante dos años al luchar por su reconexión con la sociedad. Le pregunté si le incomodaba sentir que me debía algo.

Para Scott, como para otros adictos antisociales, tomar y recibir de las relaciones interpersonales era una experiencia nueva. No podía tolerar la sensación de agradecimiento. Más adelante dijo que darme la fruta era una forma de no sentirse en deuda. Antes de poder tolerar las relaciones en las que las personas fueran más que "útiles", necesitaba explorar su entumecimiento y su enojo. Yo era lo suficientemente distinto para él como para confiarme sus planes.

Diferencias en el apoyo ambiental durante la recuperación

Para los adictos, el apoyo ambiental es un factor importante para pasar por las etapas de la recuperación. Por apoyo ambiental me refiero a todo lo que está en el campo que no es el *self*. Lo que normalmente se entiende por apoyo suele ser: estar completamente de acuerdo, espejear o ser confluente. La noción gestáltica de apoyo, derivada del trabajo de Laura Perls, se refiere a aquello que es fondo, inconsciente, pero "*apoyo* indispensable para la función de contacto en primer plano". Este apoyo incluye a otras personas, ideas, grupos y apoyo físico, como la meditación y el ejercicio. La diferencia en el grado y en los tipos de apoyo puede influir en la relativa necesidad de recibir apoyo del terapeuta o del grupo. Mi experiencia es que casi toda la terapia y la integración ocurre entre las sesiones, así que el apoyo fuera de las sesiones de terapia y las reuniones de los 12 pasos pueden ayudar a integrar el campo cambiante del adicto. Aunque no es necesario que su familia o su pareja cooperen con su recuperación, ese apoyo ambiental inmediato puede ser de gran provecho.

Mi propia experiencia al apoyar a adictos en recuperación es presentarme de distintas maneras. Estas maneras varían desde presenciar el cambio, confrontar la negación obvia, compartir mi propia experiencia, hasta permanecer curioso e interesado en la lucha. A veces he apoyado el autoapoyo del adicto al frustrar sus intentos de convertirme en un experto.

Los adictos viven gran parte de su vida en aislamiento y tienden a soportar sus experiencias ya sea resistiendo o haciendo que alguien más se haga cargo. Estos dos polos son otra faceta del tema de la horizontalidad. El apoyo es un modo intermedio en el que el ambiente y los demás son una parte interesada pero diferenciada del campo; la lucha sigue siendo del adicto. Cuanto más rico es el campo, más libre es la persona para cambiar y experimentar con nuevas conductas.

El apoyo ambiental puede asumir distintas formas. Cuando trabajo con adictos en distintas fases de la recuperación, trato de identificar los apoyos que tienen para trabajar, tanto autoapoyos como ambientales. La terapia individual puede apoyar el propio desarrollo y muchas de las tareas descritas en las etapas de recuperación (desarrollo de la sensación y la retroflexión, competencia interpersonal y las tareas de la tercera etapa).

Mi creencia en cuanto a los modos de terapia de los sistemas más amplios es que su efectividad depende del desarrollo del adicto de las tareas de la primera etapa de la recuperación. Para aprovechar el apoyo de la terapia de pareja o familiar, el adicto necesita estar menos enfocado de manera inmediata en manejar el límite del *self*. Esto puede llevar unas semanas o hasta un año para algunos adictos en recuperación. El uso de la terapia de grupo puede servir de apoyo en todas las etapas de la recuperación, con distinto énfasis en cada una de ellas. En la primera etapa de la recuperación, los grupos educativos y de discusión parecen servir de apoyo para la tarea de mantener la abstinencia y desarrollar la inhibición de la droga. La tarea de elaborar las sensaciones encaminada a darse cuenta puede ser apoyada en la terapia de grupo que se basa en la experiencia.

El apoyo en la recuperación es básicamente para el contacto y el desarrollo. Debido a que el contacto del adicto se expande en la recuperación, los tipos de apoyo también se ensancharán o cambiarán. Algunos grupos o personas que el adicto en recuperación encontró útiles en la recuperación inicial, podrían no apoyar los cambios de la recuperación media y avanzada. Este suele ser un punto sensible entre los adictos en recuperación, quienes podrían sentirse abandonados o rechazados por el cambio del otro. A menudo es nuestro papel como terapeutas ayudar al cliente a procesar este tipo de interacción. Un ejemplo de esto es cuando un adicto en recuperación pasa a un enfoque espiritual distinto del de los demás. He trabajado con adictos en recuperación que sienten que no tienen nada en común con sus antiguos compañeros y necesitan desarrollar nuevos sistemas de apoyo. El reto para ellos consiste en confiar en su propia necesidad mientras desarrollan apoyos alternativos.

Diferencias de género

Si la recuperación es la restauración de las funciones de contacto y se interrelaciona con el desarrollo psicológico, social y emocional, entonces las diferencias de género en la recuperación deben ser importantes. Sheila Blume resalta la importancia de la baja autoestima y de la necesidad de confrontar los sentimientos de individualidad y dependencia en mujeres alcohólicas.

Mi experiencia clínica apoya ambos temas, así como el efecto de los estereotipos sociales con respecto al género en la manera en que las mujeres adictas ven su consumo de droga y alcohol. Los viejos introyectos y juicios sobre "beber como una dama" y los dobles estándares de nuestra cultura con respecto a la conducta sexual al estar intoxicadas, contribuyen a generar vergüenza y autodesprecio en las mujeres adictas.

En la recuperación, las diferencias en el desarrollo y el énfasis evolutivo entre mujeres y hombres se vuelve notorio. Junto con estas diferencias, el sesgo en nuestras teorías del desarrollo hacia la diferenciación como mejor estrategia que la conexión, pueden conducir a una forma de descontar las experiencias y los estilos de las mujeres adictas. La automodulación es un intento de describir *la recuperación de la adicción* como el desarrollo del *self* en relación, y *la adicción*, como el *self* en aislamiento. La tensión dinámica entre el *self* incorporado en la relación con los demás y la identidad individual, es el énfasis de la segunda etapa de la recuperación.

En mi experiencia clínica, la recuperación no es un proceso de volverse cada vez más autónomo; es una danza entre desarrollar el *self* y también una conexión en el campo más amplio de la capacidad de relacionarse. Para hacer esto, los adictos, hombres y mujeres, tienen que enfatizar y desarrollar distintas tareas en la recuperación. La lucha primaria más allá de la abstinencia y la inhibición es el desarrollo continuo de lo que Judith Jordan llama "el *self* relacional".

También en mi experiencia, muchas mujeres adictas luchan con, y necesitan desarrollar individuación y autoapoyo, sobre todo en relación con los hombres. Este movimiento no constituye una separación de los otros, sino un desarrollo de capacidades individuales, mientras se permanece interconectado con los demás. Por el contrario, muchos hombres que se recuperan de la adicción no tienen la experiencia de prestar atención al mantenimiento, apoyo y consistencia emocional de la interconectividad. A menudo los hombres adictos tienen que desarrollar este tipo de conductas adhesivas y están demasiado desarrollados en cuanto a individuación y autonomía. Estas son afirmaciones generales, pero son casi siempre válidas: las adictas mujeres suelen tener que desarrollar más fortalezas internas, mientras que los adictos hombres suelen tener que desarrollarse en relación con los demás (familia, grupo, alianzas primarias). Esto sin duda puede estar vinculado con las prácticas de socialización de nuestra cultura, las cuales tienden a enfatizar estas características o incluso desarrollarlas en función del género. El problema se presenta cuando, como profesionales clínicos, valoramos uno de estos extremos de la polaridad por encima del otro.

Algunos ejemplos pueden ilustrar las aplicaciones de este modelo a las diferencias de género. La historia de Agnes (en el capítulo 5) muestra a una persona que ha desarrollado habilidades sociales y se define a sí misma en relación con otro (el esposo). Para ella, el desarrollo de su propia identidad profesional, separada de su pareja, constituyó un paso significativo en su desarrollo. Aunque estaba muy involucrada con sus nietos y como figura materna para las mujeres jóvenes de AA, su desarrollo como mujer autónoma fue crucial en su recuperación.

Por el contrario, Mark (también en el capítulo 5) tenía un buen desarrollo en cuanto a hacer actividades por sí mismo y una clara identidad profesional. Para él, los avances significativos en la recuperación se dieron en relación con los otros. Lo principal para él, a medida que avanzó a la recuperación media, era "ser padre" de un niño sin padre. Aunque siguió activo en su trabajo, lo más importante para él era hacer una diferencia en la vida de alguien. El tema de balancear distintos aspectos del *self* en relación, fue fundamental para la terapia y la recuperación de Agnes y de Mark.

Otro elemento clave en las diferencias de género en terapia con los adictos en recuperación es diferenciar las experiencias de ser parte de un grupo dominante o subordinado. Los del género masculino pueden estar más empoderados socialmente para expresar enojo y diferenciación, e incluso para retar al terapeuta. Tal conducta en terapia y en la vida no es socialmente alentada en las mujeres. Al trabajar con adictas en la segunda etapa de la recuperación con las tareas de redefinición y flexibilidad en los límites, tengo que ser consciente de las diferencias en cuanto al empoderamiento, especialmente en relación con mi masculinidad. Con frecuencia, la automodulación de la mujer adicta en recuperación necesita ser comprendida desde el contexto de nuestro propio límite de género. De esta forma, el encuentro terapéutico ofrecerá más opciones basadas en su contexto social presente.

Diferencias raciales y étnicas

Las diferencias en el consumo de drogas entre los grupos raciales y étnicos parecen ser contextuales. Es decir, el contexto étnico o sistema influye en el tipo de droga que se utiliza, en la conducta social del adicto y en el valor cultural y el significado que se le da, tanto al consumo de droga como a la abstinencia. Por consiguiente, la etnicidad del adicto es una parte importante de su campo interpersonal y del lente a través del cual se ve a sí mismo en el mundo.

Al trabajar con adictos en recuperación, su etnicidad es una parte importante del fondo que debemos tener en cuenta, sobre todo si es distinto del nuestro. Como Gael Caution expresa, "ignorar la cultura de la persona es desestimar su valor, sus creencias y supuestos sobre el universo". Mi forma de aprender sobre la cultura del cliente es ser curioso, tanto en mi propio entrenamiento como con él. No le pido al adicto que me enseñe sobre su cultura, sino que permanezco atento al campo del grado de interrelación en el que vive.

Mi postura también es fenomenológica y de no asumir que porque otros adictos pertenecen a la misma cultura, algo que es cierto para ellos, *también es cierto para este adicto.* Mi postura es mantener mi consciencia de cultura mientras exploro a esta persona. Los supuestos sobre las historias y valores culturales del adicto son otra forma de no estar en contacto con la plenitud de este individuo o grupo.

Adicción y etnicidad

Los individuos existen y se comprenden a sí mismos dentro de sistemas de valores, normas y rituales. Uno de los rituales más comunes en muchas culturas es el uso de alcohol o drogas. Cuando la conducta de un adicto es aberrante o problemática, es porque de alguna manera ha salido de la norma del consumo. Esta conducta resalta del orden del resto del sistema, por lo tanto, hay un *desorden*. Muchos adictos, en especial los primarios, dicen no conocer cuál es la norma para beber, porque "todos los que conozco beben como yo".

Recuerdo haber trabajado con Ray, un joven cliente irlandés-americano cuya familia entera bebía de manera regular, si no es que todos los días. Todos los hombres en su familia extendida estaban en AA o intoxicados con frecuencia. No podía imaginar un evento social sin alcohol, probablemente porque nunca había ido a uno. Al poco tiempo después de haber dejado el tratamiento, cuando aún estaba sobrio, visitó a su tío. El tío, aunque era muy apegado a su sobrino, le ofreció cerveza tres veces después de que él le dijo que quería estar sobrio.

Este es un ejemplo de la interrelación entre el intento del adicto de mantener un límite con las drogas y la falta de apoyo del ambiente. Este alcohólico que acababa de lograr estar sobrio decidió que no podía "seguir sobrio y estar cerca de mi familia". En este caso, su propia necesidad —o figura— era más importante para él que la influencia familiar. En lenguaje gestáltico, diríamos que su tío y su familia tenían un límite fijo, rígido con respecto al consumo del alcohol. Esta es la primera etapa de la recuperación: desarrollar retroflexiones con respecto a la droga.

Este ejemplo sirve para resaltar el contexto étnico de la bebida o la droga. El tío de Ray no podía imaginarse una reunión sin tomarse una "fría". Es lo que la familia ha hecho por generaciones. No hay nada hostil en ofrecer una cerveza; era una conducta asumida. El conflicto para el adicto en recuperación era dejar que las lealtades a su familia se volvieran secundarias una vez que él había hecho de la abstinencia su meta.

Otro ejemplo es el de Rose, una judía americana en sus cuarentas, cuya familia extendida era practicante de la religión y estaba orientada a lo profesional. La borrachera o el uso excesivo del alcohol provocaría la marginación de toda la familia, pero era perfectamente aceptable consumir medicamentos prescritos. Ella se volvió adicta al Valium prescrito por su psiquiatra. Para su familia, ella no tenía ningún problema siempre y cuando estuviera viendo a un profesional y no estuviera visiblemente intoxicada. Nadie la confrontó sobre su consumo de drogas. Podríamos ver este como un ejemplo de *negación* de la adicción por el sistema familiar. Pero el nivel de sistema más amplio, el nivel étnico o cultural, revela creencias específicas sobre lo que es un desorden. Para que Rose y su familia pudieran analizar su adicción a las drogas, tuvieron que analizar estas normas en una intervención familiar, después de que ella casi se muere por una sobredosis de Valium.

El efecto de la raza y la cultura puede ser la base para que los adictos consuman. Modular los efectos de la cultura y la raza puede lograrse mediante la desensibilización. En la recuperación, el adicto confronta esta experiencia sin los efectos moduladores de la droga.

Morir de miedo[1]

Tom era un hombre negro de 27 años que había estado libre de consumo de heroína durante tres años. Cada vez que tenía que hablar o aparecer en público, sentía que se moría de miedo. Siempre se había sentido así, pero aprendió en la adolescencia que si bebía o si fumaba marihuana, "no me importaba lo que pasara o lo que la gente pudiera pensar de mí". Con los años, pasó a consumir heroína, y otros narcóticos y cuando se intoxicaba, rara vez se sentía ansioso o cohibido. Era evidente que esto se debía a que dejaba de sentir, y no porque hubiera trabajado sus miedos. Al estar en abstinencia, los miedos de Tom y su vergüenza afloraron de nuevo en forma de una enorme incomodidad social. Cuando acudió a reuniones de AA o NA, rápidamente encontró un asiento en el que podía evitar sentirse "visto por todo el grupo".

Tom llegó un lunes por la mañana a una cita en mi consultorio. Cuando hablamos sobre su incomodidad presente, se la pasó haciendo referencia al consumo de heroína: "nunca tuve que preocuparme por estas cosas cuando estaba drogado". Noté cómo su pecho se agitaba y se movía superficialmente cuando respiraba. Me parecía evidente que lo que movía a Tom y de lo que se daba cuenta era de su necesidad de detener sus sensaciones, más que averi-

[1] El título de este apartado es *Jump out of my skin*, que literalmente significa "saltar fuera mi piel", pero tiene también el sentido de "morirse de miedo". [N. del T.]

guar de qué se trataban. En lenguaje gestáltico, diríamos que Tom tenía energía disponible, pero no tenía una figura clara. Bajé mi ritmo y presté atención a la respiración de Tom, escuchando sus palabras con sorpresa. Miré mi piel mientras respiraba y entonces miré la piel de Tom. El contraste me resaltó: su piel café oscura y mi complexión pecosa y rosada. Cuando le mencioné esto a Tom, miró su brazo y sus manos. Entonces dije, "¡Esta es la piel de la que quieres saltar!".

La respiración de Tom se volvió más lenta hasta que su pecho se llenó mediante inhalaciones rítmicas y largas. Luego dijo: "¡las personas no se te quedan viendo como lo hacen conmigo!". Estuve de acuerdo en que eso era probablemente cierto. Me pregunté si él tenía ganas de saltar de su propia piel cuando *yo* veía sus brazos y sus manos. Al prestar atención a sus sensaciones corporales, me dijo que sí sentía el mismo nerviosismo y que su respiración se tornaba tensa y rápida. Le sugerí a Tom: "¿es como si yo viera tu piel y no te viera a ti?". "Sí… tú eres blanco. Como las personas del autobús que yo tomaba cuando era niño… todos se me quedaban viendo, pero no a mí… a mi negrura… se veían asqueados y yo no podía alejarme de ellos". Le comenté a Tom que tal vez él había encontrado una manera de alejarse de ellos, de alejarse de la sensación al consumir alcohol y drogas. Él estuvo de acuerdo y me habló sobre su consumo de drogas inicial y sobre lo bien que se había sentido al subir al autobús estando drogado.

Tom y yo desarrollamos una figura clara de su experiencia de ser observado por los blancos y su respuesta de "saltar fuera de su piel" o dejar su piel al consumir drogas. Fuimos a caminar cerca de mi consultorio y ambos prestamos atención a la forma en que las personas nos miraban y cómo se sentía él. Esa sesión fue muy enriquecida con las diferencias en nuestras experiencias y la sensación de Tom de aislamiento y de sentirse objeto de asco. El foco de este trabajo no estuvo en el consumo pasado de heroína de Tom, ni en su recuerdo de cuánto le ayudaba. Evidentemente, me enfoqué en desarrollar la sensación que Tom había modificado con el consumo de heroína. También me basé en sus palabras "saltar fuera de mi piel" tomándolas de manera literal. Le creí y le sugerí que se creyera a sí mismo también.

Estas son premisas básicas de la terapia Gestalt, prestar atención al desarrollo de las sensaciones en sentimientos y prestar atención a lo obvio, la experiencia literal, incluyendo el uso del lenguaje del adicto como reflejo de su experiencia. En este ejemplo, la experiencia obvia, literal de Tom era el color de su piel y el contraste con la mía. Este enfoque se distingue del análisis del significado inconsciente de la experiencia de Tom como hombre de raza negra o de partir desde algún supuesto sociológico con respecto a los problemas de los afroamericanos. Al enfocarnos en el tema de Tom de la diferencia entre nuestra piel, él fue capaz de experimentar la incomodidad que describía en ese momento. Yo partía de la creencia de que el nerviosismo de Tom era indicador de algo significativo en su campo o en su darse cuenta. En la terapia Gestalt, nos referimos a esto como *excitación*, en el sentido de energía que va en aumento. El consumo de drogas de Tom se había vuelto una interrupción a su excitación y nerviosismo que ahora podía tolerar y que ahora ya podíamos explorar.

Lo importante de este ejemplo es que Tom y yo prestamos atención a sus sentimientos en vez de al consumo de drogas. Al prestar atención a esta parte de la experiencia de Tom, él fue capaz de trabajar con su incomodidad *presente*. Si él hubiera consumido drogas, sus sentimientos de incomodidad hubieran disminuido fuera de su darse cuenta. Él fue capaz de explorar su relación o su límite con los demás. Si hubiera consumido la droga, su relación hubiera sido con ella, lo que J. Richard White conocía como estar "enredado con la droga". En esta situación, Tom fue capaz de desarrollar una figura distinta de la de la sustancia en sí misma.

Recuperación culturalmente divergente

En algún momento existieron pocos apoyos para ciertos grupos étnicos para los adictos en recuperación. Las reuniones de AA y NA no habían proliferado en el espectro étnico y social de Estados Unidos. Este ya no es el caso, y los servicios de tratamiento, así como los grupos de autoayuda están prácticamente en todas partes.

La proliferación de AA y NA ha influido en el tratamiento para la recuperación entre los distintos grupos étnicos y raciales. De hecho, muchos miembros de estos grupos tienen como primer contacto en AA y NA a miembros de su propio grupo étnico o racial. Esto parece servir de apoyo en la identificación con los demás y ayuda a mantener la adicción como figura para el darse cuenta en el adicto. Cuando existe suficiente identificación con el grupo cultural, como sucede en los grupos de gays y lesbianas, los adictos en recuperación pueden sentirse apoyados para estar y mantenerse sobrios en su contexto social o cultural.

Las diferencias en los grupos étnicos también pueden volverse figura en términos de la espiritualidad y las relaciones con los demás. En primer lugar, los adictos en recuperación ya han desarrollado patrones de interacciones sociales y grupales profundamente arraigados en su propia tradición. Acudí a una reunión de adictos en recuperación en una reserva de indios navajo, donde el grupo entero pertenecía a la nación. Lo que me sorprendió fueron los largos periodos de silencio durante las conversaciones, que para ellos significa escuchar con respeto. Esto se afirmaba con asentimientos periódicos con la cabeza, casi siempre sin palabras. Este patrón de interacción es típico en la cultura navajo, a diferencia de una reunión en la Costa Este blanca o de una reunión afroamericana, donde la interacción es altamente verbal y donde los individuos dependen de la retroalimentación hablada para mantenerse sobrios. Esto ilustra cómo algunos aspectos de la recuperación son socialmente divergentes.

La espiritualidad está inmersa en algún contexto o tradición. La forma y la comprensión de cada experiencia transpersonal del adicto está influida por el mundo en el que ha vivido. Para algunos adictos en recuperación, temas como la muerte y las limitaciones existenciales podrían estar dentro del contexto de su experiencia religiosa étnica. Para otros, el conflicto podría estar en definir su concepto de Dios o de espiritualidad de manera distinta a la de su propio grupo étnico y sus prácticas.

Diferencias en la droga de preferencia

A lo largo de este libro he recalcado la creencia de que no importa qué droga consuma el adicto: la adicción está determinada por *cómo* y *cuánto* consume. En mi experiencia, separar los tipos de adictos en el tratamiento no sirve de nada. Las diferencias entre alcohólicos y drogadictos hacen que los alcohólicos sigan teniendo reservas en cuanto al consumo de la droga y viceversa. También conozco y he trabajado con gran cantidad de drogadictos que regresan a su adicción al beber socialmente, y muchos alcohólicos que regresan a la bebida al utilizar medicamentos.

Sin embargo, las diferencias individuales en el tipo de sustancia que se consume sí afectan el estilo de vida y su funcionamiento cognitivo, emocional y social. Estas diferencias también influyen en la frecuencia y el tipo de intervenciones que resultan útiles, dependiendo de la etapa y de la tarea de recuperación. Intentaré mostrar estas diferencias aquí al hablar del tipo de droga empleada y de su efecto en las etapas de recuperación del adicto que se han presentado en este libro.

- *El alcohol y otras drogas depresoras tienden a desensibilizar al consumidor cuando se toman de manera intensiva.* Esta desensibilización parece terminar poco después de terminar de beber o consumir. Para quien consume estas sustancias, la recuperación inicial suele experimentarse como "despertar". Los consumidores de drogas depresoras pueden ser como sonámbulos, que saben que han estado en algún lado, pero no están completamente conscientes de dónde, de cómo se sintieron, o de qué hicieron. Los sentimientos de euforia y de relajación solían deberse a la droga, al menos al principio. En la recuperación inicial, estos adictos deben desarrollar apoyos para tolerar la sensación y para darse cuenta del mundo que los rodea.
- *Anfetaminas, cocaína, fenciclidina (PCP) u otros estimulantes generalmente estimulan todo el sistema nervioso central e influyen en el proceso cognitivo.* Pueden tener efectos más dramáticos que los de las drogas depresoras. El adicto puede volverse suspicaz e incluso paranoico, y este estilo de contacto puede persistir años después de la abstinencia, dependiendo de cuánto tiempo consumieron dicha sustancia. Los consumidores de drogas estimulantes necesitan bajar el ritmo para poder prestar atención plena. Con frecuencia desarrollan un estilo de percepción y de pensamiento tipo hiperescaneo, que a veces excluye su darse cuenta emocional. Un ritmo lento y una apreciación de la frágil calidad de su experiencia son directrices importantes para el terapeuta.

  Las intervenciones que estimulan o aumentan la ansiedad deberían evitarse en la terapia de recuperación inicial con estos adictos. Me ha resultado más útil bajar el ritmo de la terapia enfocándome en la relajación y el arraigo. La sobreestimulación puede hacer que el adicto a los estimulantes se vuelva suspicaz, paranoico y que esté en alerta ante posibles amenazas del terapeuta. Aliento a estos clientes a que eviten consumir bebidas con cafeína, como café o refrescos. La falta de sueño o la estimulación pueden, en ocasiones, dar a estos adictos la experiencia de estar ligeramente drogados.
- *Los narcóticos o drogas opiáceas eliminan el dolor de todo tipo.* Tal vez, como resultado, sus consumidores tienen una aversión extrema al dolor, especialmente al dolor emocional. Estas drogas parecen provocar menos daño físico a largo plazo que otras sustancias; sin embargo, debido a la cultura asociada con el consumo de narcóticos, estos adictos pueden tener una historia o patrón de conducta criminal o ilegal que provoca daño en sí misma. En ocasiones ven los grupos de recuperación como un tipo de banda

o pandilla de limpios y sobrios. Estos adictos pueden sentir una incomodidad extrema en las organizaciones y prácticas sociales más tradicionales (iglesia, sinagoga, grupos cívicos).

A diferencia de los consumidores de drogas estimulantes, el reto para los adictos a los narcóticos es aumentar la sensación. Según el ciclo de la Gestalt, este reto es uno en el que se trata de mantener la confluencia y donde emerge muy poca sensación. Las intervenciones estimulantes o recargadas pueden crear la sensación (y ansiedad) necesaria para que estos adictos registren su experiencia. Tienden a preferir permanecer alejados de vivencias del pasado. En la terapia individual, es útil seguir dándose cuenta de cuándo se habla de los sentimientos con estos adictos. La respiración aumentada y el movimiento pueden apoyar la sensación, así como alentar el uso de lenguaje en primera persona, es decir, hacer declaraciones usando "yo". He encontrado útil confrontar de manera inmediata cualquier patrón de estos adictos cuando me hablan como si yo fuera su cuate de la calle. Esto rompe la confluencia y aumenta su darse cuenta de quiénes son en relación conmigo (y los demás).

- *Las drogas alucinógenas alteran profundamente la consciencia; los consumidores pueden desarrollar una tendencia a disociar e incluso alucinar aun cuando no estén bajo la influencia de las drogas.* El caso de Donna (en el capítulo 5) es un ejemplo excelente de regresión, al pasar del estrés en la recuperación, a un estado disociativo. Me ha parecido importante usar lenguaje concreto, literal con estos adictos y enfocarme en asuntos claros y definidos conductualmente, más que en tales como "quiero saber quién soy" o "estoy aquí para encontrar mi niño interior". Si los adictos están apenas empezando a recuperarse, el énfasis en la terapia debe estar en cómo pueden quedarse en esta realidad. El trabajo con la silla vacía, las visualizaciones y el uso de imaginería tiende a aflojar su guardia, lo cual puede resultar contraproducente.

Los consumidores de marihuana pueden ser menos propensos a alucinaciones o episodios disociativos, pero a menudo pueden tener dificultades para enfocarse en la recuperación inicial. Tienden a ser abstractos y metafóricos en su pensamiento. Las intervenciones gestálticas tales como el uso de la metáfora o jugar roles pueden resultar fáciles para ellos, pero suelen carecer de la especificidad y claridad necesarias para el cambio y el darse cuenta. El trabajo con estos adictos, especialmente en la primera etapa de la recuperación, consiste en apoyar la solidez y el pensamiento concreto.

Las diferencias individuales que he presentado en estos apartados no son exhaustivas. Muchos otros aspectos del *self* y del ambiente influyen en el foco de la terapia con los adictos en recuperación. Las diferencias en este capítulo representan los tipos más comunes que experimento en mi práctica. Existen muchos más que no se discuten aquí, incluyendo el consumo y abuso de comida, las repercusiones del abuso en la niñez y peleas entre adultos, y los efectos de trastornos más profundos de pensamiento, como la esquizofrenia.

Todas estas diferencias individuales pueden comprenderse en términos de la capacidad del adicto en recuperación de establecer contacto con el *self* y los demás. Nuestro trabajo terapéutico con cada cliente puede comprenderse mejor a través del lente de la conducta significativa; es decir, podemos entender la conducta del adicto en recuperación solo al apreciar a la persona como un todo e incorporar ese todo en nuestras aproximaciones clínicas en cada etapa de la recuperación.

Capítulo 9. El trabajo con el cuerpo

La forma en que los adictos en recuperación experimentan su proceso físico puede ser un foco útil en terapia. Este abordaje es una continuación del modelo de automodulación que se basa en la creencia holística de que el cuerpo *es self*. Constantemente modulamos nuestra experiencia a través del proceso corporal. Como he descrito antes, existen patrones de modulación comunes en los adictos, como la desensibilización y la sobreestimulación. En este capítulo propongo algunas intervenciones orientadas al cuerpo para trabajar con estos asuntos.

El cuerpo como máquina, el cuerpo como enemigo

Parte de lo que busca el adicto cuando consume es que la experiencia sensible física sea constante, inmutable ante las variaciones de la vida. Esto es más visible cuando se observa cómo los adictos se relacionan con su cuerpo. Por supuesto que incluso hablar de relacionarse con el cuerpo ya es avanzar un paso. Mi cuerpo no es algo que tengo, sino *yo*, pero para el adicto esta separación es profunda y adquiere dos formas: el cuerpo como máquina y el cuerpo como enemigo.

En las primeras etapas del consumo de drogas, un adicto aprende a separar el *self* de la sensación —del dolor corporal, el miedo, la nostalgia, el enojo, etc.—. Esto se debe a que la sensación y el sentimiento derivado de esta son inherentemente físicos. Al dejar de hacerlo físico o al crear un campo químico de las sensaciones como si fueran por encargo, el adicto trata su cuerpo como un mecanismo al que se le dan más o menos aditivos para que funcione de manera adecuada, por lo tanto, una máquina. Esta visión del cuerpo como máquina parece ser una tendencia en nuestra cultura, con el énfasis en la medicina adecuada para *el* cuerpo, o en la *remodelación corporal*, o en todos los rituales que llevamos a cabo para rechazarlo. Decimos cosas como, "la espalda me está matando" o "tengo que poner mi cuerpo en forma". Declaraciones como estas reflejan una desconexión con el cuerpo, como si el *self*, en mi cuerpo, estuviera de alguna manera separado de mí que hablo o pienso. Para la mayoría de nosotros, este tipo de separación verbal es señal de una discontinuidad menor que provoca muy poco daño a nuestra salud. Pero el adicto hace esta distinción continuamente, de forma compulsiva y hasta el extremo. Además, las sustancias que los adictos consumen generan una mayor separación entre el *self* y el cuerpo.

A diferencia de un auto de carreras o de otra máquina fina, el cuerpo del adicto parece necesitar más y más gasolina y aditivos, y nunca llega a tener suficiente. Es entonces cuando la persona experimenta su cuerpo como enemigo, un traidor que no hace lo que él quiere. Los adictos a la heroína a menudo hablan de alimentar*lo*. Describen su experiencia como "perseguir al dragón".[1] Estas descripciones se refieren al cuerpo y a la droga; después de un tiempo, el adicto percibe su cuerpo como una cosa separada del *self*.

En la recuperación inicial e incluso en etapas posteriores, los adictos suelen seguir experimentado el cuerpo como algo separado de Yo. Ahora es parte de la enfermedad, el nuevo "eso". He escuchado muchas veces a los adictos y alcohólicos hablar de no ser capaces de confiar en su cuerpo y sus sensaciones. Lo que sentimos es tanto físico como algo acompañado de pensamientos, pero experimentamos lo que sentimos como sensaciones corporales. Dejar de confiar en lo que sentimos es dejar de confiar en nuestras sensaciones corporales. Esto suele ser resultado de años de desensibilización que terminan en una experiencia corporal que aparece solo de manera periférica o en el antojo y en la retirada. Los adictos usan frases como "me miente… Sé lo que siento pero, ¿qué es verdad en realidad?... No puedo confiar en mis sensaciones, que me llevaron a estar borracho". Existe algo de verdad en estas frases, por supuesto. En algún momento todo adicto sintió que beber un trago más era una *excelente* idea, solo para despertar al día siguiente arrepentido de esa decisión. Lo que describo aquí es la creencia generalizada y permanente entre los adictos en

[1] La frase *chasing the dragon*, que se traduce literalmente como "perseguir al dragón" se refiere al consumo de heroína. [N. del T.]

recuperación de que la experiencia física es un engaño y algo que, de alguna manera, es distinto del *self*. El adicto debe aprender a observar las sensaciones para no rendirse ante el antojo.

Como mencioné antes, cada adicto necesita aprender a inhibir o retroflectar el deseo de consumir. En la retroflexión, nos dividimos a nosotros mismos en dos partes; una parte o deseo de actuar, y una parte o deseo de inhibir la acción. A menudo, los adictos aprenden a inhibir su deseo físico de consumir *pensando antes de beber*. Pero esta plática consigo mismo puede seguir mucho tiempo después en la recuperación, como un proceso del que no se da cuenta. Es decir, el adicto puede no darse cuenta de que no está permitiéndose ningún otro sentimiento —que no sea desear drogas o acciones— fluir en un patrón normal autorregulatorio. Su experiencia es pensar en toda su experiencia como ajena. La experiencia corporal que no se expresa y que se inhibe, se vuelve parte de la polaridad de la enfermedad, algo en lo que no se puede confiar. En cierto sentido, el adicto se desensibiliza sin consumir, al escindirse de los sentimientos y racionalizar las sensaciones. Un viejo amigo mío en recuperación solía llamar a este proceso "alcolectualizar".[2] Los adictos en recuperación en este punto están en la primera etapa de la recuperación. El reto clínico consiste en ayudar al cliente a pasar por la tarea de elaborar la sensación. Para hacerlo, el adicto deberá sentirse *como alguien*, lo cual se desea, pero genera ansiedad. Un ejemplo de esta actitud ayudará a ilustrar la escisión entre el *self* y el cuerpo, común para los adictos en la recuperación inicial.

¿Qué me hace mi cuerpo?

Phil llevaba tres años sobrio. Empezó a acudir a terapia debido a su constante sensación de ansiedad. Su primera afirmación cuando le pregunté qué esperaba de la terapia, fue, "¡Quiero saber qué me está haciendo mi cuerpo! Parece que no puedo controlar las sensaciones que se presentan cuando hablo con otras personas". Para Phil, su cuerpo le estaba haciendo algo a él y quería controlar lo que sentía. Sus sensaciones *le* sucedían. El trabajo con Phil incluyó ayudarlo a experimentar su cuerpo como él mismo y a sentir sus sensaciones en relación con algún evento, persona o recuerdo. De hecho, lo que Phil descubrió fue que tenía miedo de sonar estúpido cuando hablaba con los demás. Retenía la respiración apretando su diafragma y creaba las sensaciones físicas que llamaba ansiedad. En cierto momento de nuestro trabajo, Phil me confesó

[2] Esa palabra no existe; es una combinación de alcohol e intelectualizar. [N. del T.]

que había pensado en consumir drogas de nuevo para detenerlas. A medida que Phil se dio cuenta de cómo se tensaba a sí mismo (no a su cuerpo) y después no podía respirar, fue capaz de explorar lo que sentiría si no se tensara. Phil respiró más profundamente y se sintió asustado. Esto lo llevó a darse cuenta de que de niño sentía vergüenza cuando usaba aparatos de ortodoncia, así que mantenía la boca cerrada. Al elaborar las sensaciones, Phil completó el ciclo de contacto que había interrumpido antes.

La experiencia de Phil es típica para muchos adictos en recuperación que se separan de sus experiencias corporales, como una forma de evitar su dolor y convertirlo en *el dolor*. Esto les resulta útil durante algún tiempo, pero a la larga, crea la dicotomía que se describe como el cuerpo que le hace algo al *self*. Para los adictos, incluso si están en recuperación, la respuesta habitual ante ese sentimiento extraño es drogarlo. El principal problema para los adictos cuando se quedan escindidos, es el regreso a la vieja forma de modular los sentimientos no deseados o incómodos: drogarlos. Por este motivo es fundamental que los adictos en recuperación vuelvan a reconocer su cuerpo como *self*. Esta tarea implica discriminar sensaciones. En cierto punto de la historia de la persona, la mayoría de las sensaciones se sienten como deseo de consumir drogas. Hambre, ansiedad, cansancio, todas se vuelven razones para consumir; dolores a ser "curados" por una bebida, una inhalación, una pastilla o una inyección. En la recuperación, estas sensaciones a veces se ignoran o se descartan como ganas de consumir. Entonces, desarrollar las sensaciones corporales se vuelve un paso importante para que los adictos en recuperación recuperen su rango emocional y exploren la segunda etapa del *self* en relación con los demás.

El adicto en recuperación a menudo experimenta su cuerpo como separado de los demás, alejado de alguna manera; esto es porque nos movemos en relación con los demás o inhibimos nuestros movimientos hacia los demás por las posibles consecuencias que queremos evitar. Experimentamos el contacto con otros en nuestro cuerpo. El adicto que ha perfeccionado la separación del *self* de los demás a menudo está en el proceso de lidiar con las sensaciones internas.

Técnicas de terapia orientadas al cuerpo

Como describieron Jim Kepner y Edward Smith, existe una gran variedad de técnicas o enfoques orientados al cuerpo que se emplean en terapia Gestalt. El énfasis en un proceso corporal con orientación gestáltica está en restablecer el acto de darse cuenta, la elección y el rango de expresión. La elección de la intervención dependerá del grado de conexión del cliente en recuperación con su propio proceso físico. Por ejemplo, con adictos en la primera fase de la recuperación, tiendo a enfocarme más en la respiración y en el sentido de anclaje físico del adicto. Animo a las personas a que perciban sus sensaciones corporales y les brindo apoyo para que pongan en palabras esas sensaciones.

Los clientes en la segunda fase de la recuperación a menudo están inhibidos en relación con los demás, pues antes dependían de las drogas para liberar sus inhibiciones. Otros adictos en esta etapa se sienten físicamente sin poder, al sentarse o ponerse de pie en una postura rígida o colapsada. La actitud corporal y el sentido de competencia están relacionados; los adictos sienten su capacidad para interactuar en las piernas y en la columna. Este tipo de atención a la postura física suele ser útil para apoyar las tareas de competencia interpersonal. La terapia corporal expresiva es útil para deshacer los viejos patrones y hábitos, como reprimir el dolor o el enojo. Estas técnicas suelen ser útiles en trauma inconcluso o en trabajo con la familia de origen, que surge hacia el final de la primera etapa y a lo largo de la segunda de la recuperación. Prestar atención a los patrones desensibilizados en el cuerpo del adicto en este proceso puede ayudarlo a resolver y concluir viejas experiencias y empezar a vivir más en el presente.

Una meta de trabajo que a menudo utilizo en terapia consiste en ayudar a los adictos a volver a ponerse en contacto con su cuerpo. Esto puede parecer una experiencia obvia, pues todos sabemos dónde está nuestro cuerpo, ¿no es así? No es que lo hayamos perdido en el camino. Sin embargo, en cierto sentido esto es precisamente lo que pasa con muchos adictos. Familiarizarse con su *self* como cuerpo suele ser tan simple como sentir la espalda en la silla, notar cómo empieza a respirar cuando recuerda la última borrachera o experimentar contacto sexual sin estar intoxicado. Todas estas son experiencias nuevas con los límites. La meta aquí es desarrollar sensaciones corporales y darse cuenta del cuerpo en el momento; en cierto sentido, entrar en el propio *self* en el momento.

Respiración y anclaje

La respiración es un aspecto de lo que yo llamo anclaje. Por *anclaje* me refiero a sentirse uno mismo en relación con el ambiente físico. Muchos adictos tienden a intelectualizar o abstraer su experiencia, especialmente cuando están ansiosos. Al pasar por el ciclo de adicción, tienden a pasarlo rápidamente, respirando con un patrón apresurado, a menudo sobreestimulándose a sí mismos. Generan un ritmo y un pensamiento habituales más rápidos. El resultado de esto suele ser un darse cuenta más acelerado o la percepción de estar inundado por la sensación.

La atención a la respiración es una manera efectiva de crear mayor sensación y sentimiento. La respiración más profunda permite que llegue más oxígeno a la sangre y eso facilita que se desarrolle una mayor sensación. Esta respiración también puede relajar y ablandar los músculos. Así, al alentar al adicto a que respire más profundamente, se le ayuda a que baje el ritmo y también a que lleve las sensaciones al acto de darse cuenta.

En la recuperación inicial, los adictos a menudo tienen dificultad para relajarse sin consumir drogas. En la retirada de la droga, los músculos se pueden endurecer como respuesta a la ausencia de esta. Cuando he trabajado en algún centro de desintoxicación, he ayudado a que los adictos aprendan a relajarse durante ese periodo de tensión y ansiedad, enseñándoles respiración profunda abdominal.

Este procedimiento surgió a partir de una experiencia que tuve con William, un hombre que había sido adicto al meprobamato durante muchos años y que no podía relajarse ni dormir. Tenía miedo de tener una convulsión mientras dormía, aun cuando tomaba medicamentos anticonvulsivos.

Me senté a hablar con William en una mesa una noche en que no podía dormir. Al escucharlo, me dio miedo que se agitara tanto, que pudiera producirse una convulsión. Yo podía sentir mi propia respiración superficial y rápida. Al hablar sobre su miedo, empecé a respirar como me habían enseñado en yoga, despacio y profundamente hacia mi abdomen. Al poco tiempo, empecé a sentirme relajado y le sugerí que hiciera lo mismo, sobre todo, porque no sabía qué más hacer; las palabras no representaban mucha diferencia. Practicamos esto juntos durante una hora, aproximadamente. En un momento empezó a bajar el ritmo de su respiración y, para alivio de ambos, también de su pensamiento. De hecho, empezó a verse cansado. Después de otra media hora de respiración y plática, le sugerí que se acostara en su cama y practicara la respiración. Cuando fui a verlo de nuevo, dormía ya profundamente.

Esta experiencia tuvo dos efectos. El primero fue que William aprendió que él se agitaba *a sí mismo* y podía también relajarse, disipando así su propio miedo. Se dio cuenta de que podía influir en su experiencia corporal y mental *simplemente* respirando. Lo volví a ver cinco años más tarde y aún estaba sobrio. Cuando me vio, dio unas palmaditas a su abdomen y sonrió, "¡respira, amigo!". Era evidente que recordaba la experiencia y, de hecho, estudiaba yoga durante su recuperación. En cuanto a mí, incorporé el aprendizaje en mi trabajo, enseñando a muchos adictos a bajar el ritmo y a relajarse mediante la respiración profunda y completa. Esto es especialmente útil con los adictos a quienes se les ha retirado la droga o con tendencias a la ansiedad o la disociación.

Otro tipo de anclaje consiste en que los adictos se perciban a sí mismos en la habitación, en el momento presente. Recordemos el caso de Betty (capítulo 5). Ella había fusionado su darse cuenta con los otros, y fue capaz de diferenciarse al sentir la espalda mientras estaba sentada en la silla de mi consultorio. Podemos ayudar a los adictos a sentirse más anclados al hacerlos darse cuenta de su contacto con el piso o el respaldo del asiento, o animándolos a ver el cuarto que los rodea. Esta orientación sensorial puede ayudar a los adictos a experimentar el *contexto* o *fondo* de ese momento. He notado que los adictos en recuperación han usado estas simples tareas de atención consciente para mantenerse en el presente y evitar proyectarse a futuro. De alguna manera, este proceso es opuesto al de intoxicación, en el cual el presente —el aquí y ahora— se vuelve borroso. Este proceso lleva a la realidad.

La respiración intensificada también ayuda a los adictos a sensibilizarse más con respecto a sí mismos y a los demás, a sentir más intensamente sus sensaciones y emociones, y a percibir la experiencia física y emocional de los demás.

Me siento fuera de contacto

Mike es un adicto en recuperación durante 15 años, que llegó a terapia quejándose de sentirse "fuera de contacto consigo mismo". Se preguntaba si estaba deprimido. Noté, al mirar el pecho y el abdomen de Mike, que su respiración era superficial y lenta. Esto lo hacía verse tieso cuando hablaba sobre su vida y su familia. Le dije cómo percibía su respiración. Se sorprendió (como les sucede a muchos adictos cuando les hablo de su conducta física) y preguntó: "¿qué quiere decir eso?". Le respondí que no estaba seguro de qué significaba, pero que creía que podía aprender algo si experimentaba con su respiración.

Mike estuvo de acuerdo en hacerlo y empezó por respirar más profundamente hasta llenar su pecho y su abdomen con cada inhalación, y vaciándolo con cada exhalación. Al hacerlo, Mike empezó a estremecerse y temblar. Le pregunté si podía quedarse con esta experiencia. Después de unos minutos, empezó a modular su respiración de una forma más rítmica. El sonido que hacía era como un quejido. La barbilla de Mike temblaba y empezó a llorar. Le pregunté si había palabras para su llanto y dijo: "no estoy seguro". Le ofrecí las palabras que usó al inicio de la sesión, "me siento tan fuera de contacto". Trató de decir estas palabras en tres ocasiones, cada vez llenando su pecho y llenándose de lágrimas, y añadió, "y con tanto dolor... Eso es. Me siento tan fuera de contacto y tan triste con respecto a mi vida". Pasamos el resto de la sesión definiendo con qué estaba fuera de contacto con respecto a sí mismo y los demás.

Como con Mike, podemos ayudar a los adictos a desarrollar una forma distinta de automodularse y de expresarse a través de sus procesos corporales. Mike había aprendido a mantenerse fuera de contacto, literalmente, al no tomar aire, pero no se daba cuenta de esta elección cuando empezamos a trabajar. Con el tiempo, había inhibido su respiración como manera de modular su tristeza, y esta inhibición se había vuelto parte de su postura asumida frente al mundo. Nuestro enfoque en terapia se basó en desarrollar la sensación al deshacer su patrón retroflectivo de mantener apretados el pecho y el abdomen, para disminuir así la sensación corporal.

La noción de confluencia, descrita antes como falta de límites, es un proceso tanto corporal como emocional; puede crear un contacto físico confluente y una pseudofamiliaridad. Muchos adictos en programas de 12 pasos se dan la mano y se abrazan al terminar la reunión. Estos gestos son formas de contacto, y pueden servir de anclaje para permitir que una persona sienta a la otra, que sienta esa presencia del otro en su campo. De esta manera, la experiencia de cada uno se vuelve más sustancial, pues el *self* físico del individuo está más claramente definido en relación con otro cuerpo. Pero a menudo, estos encuentros son rutinarios, se llevan a cabo con muy poco sentimiento o darse cuenta. He sentido la debilidad o el apuro en esos contactos, que terminan pareciéndome no sustanciales. Es como si los que abrazan no estuvieran en sus cuerpos y no sintieran a quién abrazan. Un equivalente verbal es el saludo común "¿cómo estás?"; la persona que pregunta no tiene la intención de saber cómo estás. Es la forma de interés sin sustancia.

Cuando se me acerca un adicto en recuperación que quiere abrazarme o darme la mano, presto atención a la unicidad de este tipo de contacto en cada situación. Puede ser que acepte saludar a un adicto a través del contacto físico, dependiendo de quién es la persona y qué lleva consigo el encuentro (historia de abuso, historia de violación de los límites por parte de un terapeuta). Siempre sugiero que nos miremos uno al otro. Una vez un cliente me preguntó por qué pedía esto y le respondí, "porque quiero ver a la persona que toco y que me toca. Un abrazo o darse la mano no representan un anclaje en sí mismos. Lo que puede constituir un anclaje es *abrazarte* o *darte la mano*". Mi intención es animar al adicto a que ponga el *self* hacia fuera en el contacto físico con otros. De esta manera, podemos apreciarnos uno al otro y el adicto puede sentir apoyo directo y contacto con otro.

Trabajo expresivo

Las técnicas de terapia Gestalt, como la silla vacía, golpear un cojín y varios movimientos expresivos se han empleado en el tratamiento de la adicción. Aunque estas intervenciones llegan a ser útiles, muchas veces pasa que el adicto se va de la experiencia sintiendo que ha descargado cierta emoción, pero con el tema no resuelto, por lo que pronto el mismo tema vuelve a surgir. He participado en sesiones maratónicas, individuales y grupales, donde los clientes hacen este tipo de trabajo. Aunque estas actividades pueden ser estimulantes (lo cual llega a ser atractivo), los adictos suelen aprender o cambiar muy poco al actuarlas. Esta falta de cierre o integración del trabajo expresivo no se debe a que la terapia expresiva física no sea eficaz, sino a que el terapeuta aplica parte de la metodología, pero sin el contexto.

El enfoque Gestalt para el trabajo expresivo se basa en dos principios que a menudo se dejan de lado en estos ejercicios: desarrollar la expresión o el movimiento a partir del movimiento natural, ya existente del adicto, y prestar atención a las resistencias o movimiento en contra. Es útil explorar las implicaciones de estos principios.

Movimiento natural

El poder del trabajo expresivo deriva de lo que los adictos ya están haciendo o no se permiten hacer, ya sea expresar enojo, dolor o pena. Si un cliente se toca el pecho cuando habla de sentirse triste, entonces este movimiento es una expresión de su sentimiento. Lo animo a continuar tocándose el pecho mientras habla en vez de pedirle que haga algo distinto.

De manera similar, una adicta literalmente clavó sus tacones en mi tapete cuando pensó en su madre alcohólica. Clavar sus tacones es lo que yo llamo un movimiento natural; no se daba cuenta de que lo hacía hasta que yo lo noté y le hice un comentario al respecto, y le pedí que lo hiciera de manera intencional mientras imaginaba a su madre. Así lo hizo varias veces hasta que se dio cuenta de lo *que estaba haciendo*: clavar sus tacones[3] ante la insistencia de su madre de que aceptara hacer algo. El valor de desarrollar y enfocar su movimiento en una expresión fue que el gesto tuvo gran significado para ella; era su postura ante la vida con muchas personas. A menudo no cambiaba de opinión frente los demás, aunque no tenía idea de lo que le intentaban decir cuando la describían como terca. Después de este trabajo, fue capaz de integrar el movimiento como una expresión de su postura frente a su madre y elegir si quería cambiar de opinión. Esta actuación fue útil para ella en determinadas situaciones, pero el punto clave era darse cuenta de que emergía y que apoyaba su elección.

Estos ejemplos de experimentos en el trabajo con los gestos idiosincráticos de la persona son formas de usar la propia experiencia del adicto para acceder a modos de expresión inherente que tienen significado para el individuo. Por el contrario, pedir a los clientes que actúen el mismo movimiento diseñado por el terapeuta podría evocar ciertas sensaciones, pero no suele llevar a nuevos significados. El movimiento es significativo y tiene sentido cuando es parte de la expresión inhibida o presente del adicto.

Resistencia o movimientos en contra

Como ya se dijo, los adictos suelen retroflectar o inhibir sus sentimientos. Es decir, tienen un deseo o sentimiento y una resistencia a ese mismo sentimiento o a la acción que puede provocar. En el plano físico, podemos ver esto como *movimiento* y *movimiento en contra*. En la expresión, existe cierta tensión entre estos dos movimientos, y esa tensión no resuelta puede producir dolores de cabeza, inhibición de la respiración o que la mandíbula se trabe; sin embargo, también puede ser un punto fértil para la exploración en la terapia expresiva. Si no existe un foco en esta tensión dinámica, el trabajo expresivo a menudo se vuelve una queja o una actividad que deja al adicto sintiéndose culpable o incapaz de seguir adelante fuera de la terapia.

Recuerdo haber visto un video de trabajo expresivo para mostrar el manejo del enojo hacia los padres. Cada participante golpeaba cojines mientras

[3] La expresión original en inglés, *digging in her heels*, que se traduce como "clavar los tacones", tiene también el sentido de que uno se niega a cambiar de idea, aunque los demás insistan. [N. del T.]

hablaba como si sus padres estuvieran ahí, y el líder los alentaba a "sacar sus sentimientos". Al principio, sus movimientos eran torpes y vacilantes, pero después de que los alentaron, la mayoría del grupo hizo movimientos más intensos y golpeaban los cojines con más fuerza. Estos ejercicios son comunes en el tratamiento habitual de las adicciones, donde suelen utilizarlos para trabajar sobre asuntos con la familia de origen.

Lo que no se abordó en esta demostración televisada a nivel nacional, fueron las objeciones o la resistencia de los participantes a expresar o sentir su enojo hacia sus padres. Esto fue evidente por la manera en que estas personas inhibían sus movimientos (tensando sus hombros, cerrando sus brazos o su pelvis). Estos movimientos en contra también son expresiones, no del deseo de golpear el cojín, sino del deseo opuesto, de interferir con esa expresión de enojo. El movimiento en contra está enfocado internamente en el *self*, y puede reflejar el conflicto más profundo de estar enojado con los padres, pero no querer perderlos, o incluso querer abrazarlos al mismo tiempo. Esta ambivalencia se expresa cuando el adicto se contiene al inicio, y en la eventual oleada de enojo.

Un método para trabajar con esta expresión más plena consiste en prestar atención a la tensión que los adictos expresan junto con sus sentimientos. Cuando he trabajado con clientes de esta manera, les pido que den voz y movimiento a ambos lados de su experiencia: su deseo de alejar y su deseo de mantener cerca. Dos formas en las que el adicto puede expresar el movimiento en contra son actuar un gesto inhibitorio de manera intencional, como apretar sus brazos, y al mismo tiempo poner palabras a esa inhibición, por ejemplo, "no puedo permitirme enojarme contigo", o "debo reprimirme o sabrás cómo me siento".

Expresar solo un lado no refleja la totalidad de las relaciones en conflicto. Los adictos aprenden a inhibir la expresión de sus sentimientos porque dicha inhibición fue útil en algún momento, o porque el ambiente no apoyó sus sentimientos. Debido a que ese aprendizaje tuvo un propósito en el pasado, se requiere especial atención para poder deshacerlo; no desaparecerá sin más. Aquí se presentan algunos ejemplos de movimientos y sus posibles movimientos en contra que pueden expresar mejor el conflicto de sentimientos.

- Mover los brazos hacia fuera, hacia otra persona, versus apretar los brazos y hombros hacia el *self*.

- Llevar la sensación a los ojos y a la cara respirando profundamente versus oprimir la garganta y contener la respiración.
- Moverse o patalear con las piernas versus tensar las piernas.
- Relajar el pecho versus tensar el pecho.
- Abrir las manos versus apretar los puños.

El trabajo de terapia expresiva puede incluir cada una de estas dicotomías. El conflicto completo existe en la tensión entre los dos polos, el sí y el no de la expresión de cualquier sentimiento. Al poner palabras a los movimientos, el cliente puede experimentar la emoción más plenamente que cuando el terapeuta simplemente decide qué lado de la polaridad (expresar enojo versus rechazarlo, por ejemplo) es el camino correcto o sano.

Prestar atención a dos apoyos ayudará al desarrollo e integración del trabajo expresivo. Primero, como terapeuta, quiero familiarizarme con, o yo mismo ser capaz de llevar a cabo el movimiento expresivo antes de ayudar al cliente a que lo realice. La mecánica de cualquier movimiento es una base útil para mí al seguir al adicto. Una forma de familiarizarme es hacer el movimiento con él.

La segunda parte es el seguimiento. Esto significa hacer que los adictos intenten llevar a cabo el movimiento varias veces para explorar su rango y sentir cualquier cosa que pudieran restringir o inhibirse a sí mismos. El seguimiento también puede apoyarse al plantear preguntas como: "¿te sientes satisfecho... que acabaste... o interrumpido?". Estas preguntas pueden ayudar a los adictos a mantenerse en contacto con la experiencia de cómo se mueven y cómo se expresan a sí mismos.

El trabajo corporal en la práctica

Los siguientes ejemplos ilustran el trabajo con la experiencia corporal del adicto en recuperación en terapia. En el primero, el foco está en los movimientos de la persona con énfasis en los movimientos en contra y la expresión de contacto. Por expresión de contacto me refiero a prestar total atención al *significado* de la expresión del adicto y los sentimientos encontrados con respecto a esa expresión. Ese primer ejemplo también ilustra la forma en que los adictos en recuperación *corporifican* su experiencia de vida. La terapia orientada al cuerpo puede ayudar a los adictos a que pongan en palabras estas experiencias.

Terri

Terri, una joven mujer, había permanecido pasiva en el grupo de terapia. Ella y el grupo se habían dado cuenta de su conducta y el grupo la animó a que los empujara cuando ella dijo que sentía como si la estuvieran empujando. Respondió que sí quería empujar, pero no sabía cómo. El grupo desarrolló un experimento en el cual ella literalmente empujaría a los miembros que se ofrecieran como voluntarios. Terri trató de hacer esto con algunos pero se veía tiesa cuando lo hacía. Le pregunté si se sentía satisfecha y dijo: "quiero que alguien empuje de vuelta". Otra mujer del grupo se ofreció.

Empezaron a empujarse una contra la otra y Terri se mostró más vigorosa. Dos veces en las interacciones le pregunté, "¿estás satisfecha?" y dijo: "¡aún no!". Al fin se quedaron sin energía. La interacción parecía haber terminado. Entonces le pregunté a Terri cómo había sido la experiencia para ella, qué sucedió cuando empujaba a alguien que la empujaba de vuelta. Dijo que al principio no había querido empujar si era la única que lo hacía, pero que se sintió llena de energía cuando sintió una fuerza similar en su compañera. Experimentó que podía ser lo que ella llamaba "presionante" y no lastimar a nadie.

Este es un ejemplo de las características duales de cualquier trabajo expresivo. Esta adicta siempre había necesitado unos cuantos tragos para autoafirmarse y después sentía culpa por parecer una mujer presionante, como si hubiera algo inherentemente malo en eso. De niña la dejaron sola y literalmente no tenía contra quién ejercer presión. Se daba por vencida, asumiendo una posición pasiva, una a la que regresó tanto verbal como corporalmente. En este experimento ella fue capaz de explorar su necesidad de afirmarse y de mantenerse así. Su historia y su tema dual se hicieron obvios mediante el trabajo expresivo.

Andrew

Andrew parecía un hombre lleno de dolor. Sus ojos eran profundos y parecía perdido. Caminaba como si se estuviera cayendo bajo el peso de una enorme carga en la espalda. Había estado sobrio tres años cuando asistió a un taller que yo presentaba para terapeutas en adicciones. Andrew acababa de empezar la universidad y estaba emocionado por su nueva profesión. Sin embargo, siempre tenía la boca y las cejas inclinadas hacia abajo cuando hablaba o miraba a los demás; fruncir parecía ser su patrón natural. Hacía esto cada vez que alguien en el taller expresaba algo de dolor o pena. Le pregunté sobre esta expresión y respondió que no se daba cuenta de su cara, pero que se sentía congestionado. Le pedí que prestara atención a su cara y que notara si había algo de tensión.

Al día siguiente dijo que había estado leyéndole un cuento a su hija y que se dio cuenta de que fruncía y que también lo hizo cuando escuchó música en la radio. Le sugerí que exagerara este movimiento y así lo hizo varias veces. Después de la tercera vez, los ojos de Andrew se llenaron de lágrimas y dijo: "¡estoy triste!".

En vez de preguntarle inmediatamente por qué estaba triste, le pedí a Andrew que hiciera ese movimiento de nuevo. Dijo: "estaría aplastando mis lágrimas". Este se convirtió en el tema de trabajo con Andrew: cómo aplastaba sus lágrimas al tensar los músculos alrededor de sus ojos. Las lágrimas de Andrew eran por la forma en que había lastimado a su hija y a los demás cuando bebía. Admitió que nunca los había considerado cuando bebía.

La experiencia de Andrew es este segundo ejemplo de cómo los adictos en recuperación *corporizan* su dolor y sus patrones de desensibilización. Estos patrones continúan en la recuperación y son movimientos naturales o movimientos en contra. Deshacer o descifrar los patrones corporales de mucho tiempo es otro paso para regresar al funcionamiento de contacto pleno en la recuperación de la adicción.

El uso de intervenciones enfocadas en el cuerpo con adictos en recuperación ofrece otra alternativa para ayudar a que estos elaboren las sensaciones y regulen el ritmo y anclaje de su contacto con los demás y con el *self*, y expresen sentimientos inhibidos o en conflicto que se han corporizado.

Estos enfoques se pueden emplear a lo largo de la recuperación. Sin embargo, los adictos en recuperación en las primeras etapas, aquellos que mantienen la abstinencia y que llevan a cabo retroflexiones de la droga, recibirán mayor apoyo del anclaje y del trabajo con la respiración. Los adictos en recuperación en la segunda etapa pueden aprovechar todos estos enfoques; en esta etapa de la recuperación, la expresión física y la inhibición con los otros se vuelve una mayor figura en la terapia. Al trabajar con clientes en la tercera etapa, el aprendizaje de las prácticas meditativas orientadas al cuerpo puede servir de apoyo en las tareas de reflexión, contemplación y trascendencia. Los adictos que han estado en abstinencia durante muchos años han lidiado con ese proceso al desconectarse de su cuerpo; así, este enfoque puede ofrecerles un nuevo darse cuenta de cómo sentirse a sí mismos en la recuperación.

Trabajar con estas experiencias corporales también puede ayudar a sanar la intensa sensación de vergüenza que muchos de estos adictos sienten y expresan. Puede ser una forma de familiarizarse de nuevo con su *self* corporal. La terapia orientada al cuerpo también permite que el adicto desarrolle alternativas de acción y autoexpresión al mismo tiempo que sigue patrones existentes. Para el adicto en recuperación, esa normalización es la sanación de años de autoalienación, vergüenza y culpa.

Capítulo 10. Otras aplicaciones del modelo de automodulación

El proceso de recuperación de la adicción que he descrito es un lente a través del cual podemos asesorar, entender y tratar a las personas que pasan por este proceso. Las intervenciones descritas en este libro se basan en tres consideraciones sobre la naturaleza de la recuperación; estas consideraciones proporcionan la base para un enfoque que la concibe como algo más que mantener la sobriedad.

La primera consideración es que la base de la recuperación es la abstinencia. Mientras los adictos sigan consumiendo y viviendo en el ciclo de la adicción, el cambio significativo y las alternativas de conducta se limitarán mucho y serán secundarias a la figura dominante de la droga. La intolerancia a la sensación del adicto en recuperación, basada en la vergüenza, el aburrimiento, la desconfianza y la falta de confianza en sí mismo, es lo que se modula mediante las drogas. Sin abstinencia, esta base no puede ser explorada y trabajada en terapia. Otra parte de esta consideración es mi experiencia clínica de que la abstinencia de toda droga no prescrita, sin importar si es la preferida del adicto, es la única auténtica abstinencia. No tengo ninguna información clínica o anecdótica de adictos que beban o consuman drogas de manera segura sin empezar de nuevo el ciclo de la adicción.

Mi segunda consideración es que la recuperación es una expansión más allá de la frontera del *self* para aumentar el grado de interrelación con los demás y con el mundo. Considerar la recuperación como una expansión es verla como un movimiento en dirección opuesta al movimiento durante la adicción, que es hacia la preocupación por sí mismo y al narcisismo. El trabajo en terapia con los adictos en recuperación consiste en prestar atención a esta expansión, trabajo que puede, en ocasiones, forzar los límites de la propia comodidad y desarrollo del terapeuta, por ejemplo, al trabajar con la tarea transpersonal en la recuperación avanzada.

La tercera consideración es que la recuperación no es solo cronológica, sino evolutiva. Los adictos en recuperación pueden mantener la abstinencia durante 10 o 20 años y aún así estar enfocados exclusivamente en la primera etapa, es decir, simplemente en no beber o consumir. Cuando utilizo el término *recuperación a largo plazo* me refiero a la magnitud del proceso, más que al tiempo en que el adicto ha estado en abstinencia.

Este modelo es importante por sus aplicaciones clínicas. El modelo de automodulación brinda tres ventajas clínicas con respecto al modelo actual de enfermedad. Primero, ofrece un mapa de recuperación enfocado en etapas a través del cual podemos evaluar el nivel de progreso del adicto en recuperación y así determinar la tarea correspondiente de la recuperación. Al entender la etapa de recuperación del adicto y las tareas relevantes, podemos elegir mejor las intervenciones del tratamiento. Las habilidades de contacto o las tareas de recuperación relevantes para el nivel de recuperación concreto del adicto se convierten en el foco de la terapia. Enfocarse en, y apoyar el grado de relación de la persona en los distintos niveles de sistema, nos permite llevar la terapia fuera del mundo estrecho, narcisista, del *self* en aislamiento. De esta forma, la terapia proporciona una alternativa para el estilo del adicto de enfocarse en sí mismo y le ayuda a restablecer o desarrollar habilidades de contacto con el *self*, la familia, los grupos y la comunidad más amplia.

La tercera contribución clínica de esta aproximación es que puede ver al adicto como único y como alguien que se organiza a sí mismo, de nuevo como primer plano del tratamiento de la adicción. Como sucede con gran parte de la comunidad terapéutica, el campo del tratamiento de las adicciones ha tendido a una aproximación reduccionista. Es decir, a menudo reducimos a los individuos a un tipo específico, ignorando o restando importancia a las diferencias específicas. Aunque puede ser útil enfatizar las similitudes en la recuperación inicial, especialmente al educar a los clientes con respecto a la adicción, es la persona individual, inserta en un campo social, cultural, evolutivo y de género, la que llega a nuestra consulta. Y es la lucha única de esta persona y su integración a esos campos lo que constituye el trabajo a largo plazo en la recuperación. Cuando el adicto consume drogas de manera activa, se comporta de acuerdo con un patrón habitual de rutina, con pocas alternativas o nuevas experiencias. Por el contrario, la recuperación ofrece un darse cuenta, alternativas y crecimiento. Al prestar atención al paso único del adicto por las etapas de la recuperación, podemos maximizar su darse cuenta, su elección y experiencia.

Implicaciones para el tratamiento de la adicción

A lo largo de este libro, he descrito enfoques de tratamiento en el trabajo con adictos en recuperación, estos enfoques se basan en mi comprensión de la recuperación como un límite en expansión basado en el desarrollo personal y en la conducta de la persona en la adicción y en la recuperación como automodulación. Me parece que también es importante hablar de las implicaciones de dicho modelo en el tratamiento de la adicción en general.

¿Cómo podría este modelo cambiar el foco de la terapia actual de la adicción? Primero, muchos terapeutas que actualmente trabajan con adictos en recuperación pueden no considerar importante la recuperación del individuo de la adicción. Un ejemplo de esto es un apreciado colega que les pregunta a los adictos cuánto tiempo ha pasado desde que consumían drogas, y si ya pasaron más de 10 años, considera que el tema del consumo ya es tema muerto. Me llama la atención que no les pregunte cómo se ven a sí mismos en relación con la recuperación. Pongo esto sobre la mesa no como un correctivo para este terapeuta, sino como ejemplo del sesgo general entre los colegas. Evidentemente, existe un sesgo opuesto a este —otros terapeutas de adicción encuadran todos los aspectos de la vida del cliente como adicción y recuperación.

Creo que la implicación del modelo que he presentado a lo largo de este libro, es que la tendencia hacia el ciclo de la adicción es fundamental para la historia del adicto en términos del efecto de esa tendencia en el desarrollo de la persona y su potencial para influir en su modo de contacto actual. Si el adicto se vuelve abstinente después de consumir activamente durante 20 años, sus patrones físicos, emocionales y psicológicos no se restablecen al estado que tenía antes de consumir. Un paralelismo es el efecto duradero en la función de contacto en cualquier nivel del trastorno de estrés postraumático, ya sea por combate o por abuso físico o sexual. De manera similar, el estilo de vida que llevan muchos adictos durante el consumo activo (que puede incluir conducta criminal, mentira crónica o conducta sexual no congruente con sus propias creencias morales y éticas) es a menudo el asunto inconcluso que esos adictos traen a terapia. Estas son solo algunas de las experiencias con las que los clientes viven y que traen a terapia, experiencias que cambian la forma en que ven el mundo y el *self*. Muchas de esas conductas van más allá de las experiencias de los terapeutas, al menos en el nivel y con la frecuencia con la que estos adictos las han vivido. También es probable que estas personas se hayan criado en una familia en la cual las adicciones estaban presentes, así que su desarrollo temprano estuvo influido por las mismas sensaciones y acciones impulsivas y desintegradas en las que después incurrieron al consumir drogas. Esta experiencia con la familia de origen es lo que también trae el adicto a terapia en la segunda y tercera etapas de la recuperación.

Otra implicación clínica es un darse cuenta de la tendencia del adicto en recuperación a incurrir en conducta desensibilizada, como hablar sobre, o racionalizar los sentimientos, en vez de sentirlos. Los enfoques educativos son útiles al trabajar con clientes en la recuperación inicial, pero logran pocos cambios en casos como el de Tony (capítulo 7). Los que participan en los programas de 12 pasos tienden a tener mucha práctica en hablar sobre el *self*, una conducta que en ocasiones puede constituir otra evitación del *self*. La implicación de este enfoque es que necesitamos prestar atención en terapia a la experiencia del *self* del adicto en recuperación, y a nuestra propia tendencia a engancharnos con ellos e intelectualizar la adicción.

Debido a que la recuperación es la constante interacción entre el *self* y los demás, es importante que los clínicos seamos flexibles con respecto al nivel de sistema al cual nos enfocamos. La terapia que se enfoca de forma exclusiva en el trabajo intrapersonal o con el *self*, puede no ser útil para un adicto en recuperación en la segunda o tercera etapas de la recuperación: en ese caso solo puede servir para perpetuar la tendencia del adicto al aislamiento y el narcisismo.

Por otro lado, con los adictos en la primera etapa de la recuperación, enfatizar los enfoques sistemáticos sin haberse dado cuenta antes de la intolerancia de la persona a la sensación o de la capacidad limitada para establecer contacto interpersonal, hará que el paciente se sature o se desensibilice para poder participar. Cuando esto ocurre, el adicto sigue en la recuperación por inercia. El juicio crítico clínico que debemos efectuar es hacer empatar el nivel actual de recuperación del cliente con la modalidad de tratamiento relevante. Parte de esta evaluación es determinar qué tipo de grupo o experiencia educativa podemos sugerirle.

Este modelo de recuperación resalta la importancia del grado de relación transpersonal y espiritual como un aspecto importante del desarrollo en la recuperación. De hecho, si no son disuadidos por el terapeuta, muchos adictos en recuperación pueden traer este tema a terapia. Para mí, esto sugiere que como terapeutas necesitamos prestar atención a estos temas con los clientes desde su perspectiva y no desde la nuestra. En mi propia práctica, no hago proselitismo sobre mis propias creencias religiosas ni desacredito a quienes doy tratamiento mediante críticas psicológicas como proyección o transferencia. Respeto sus creencias espirituales como cualquier otra necesidad. Una de las formas en que podemos apoyar este tipo de interacción es por medio de la familiarización con el sistema de creencias del adicto, ya sea al leer o al conversar. No tenemos que decidir qué es espiritual o psicológicamente cierto para él, sino que, como con cualquier otra preocupación suya, le podemos dar apoyo para que establezca sus propias conexiones espirituales.

Implicaciones para los sistemas de aplicación del tratamiento

Las etapas y tareas descritas incluyen trabajo en grupos, parejas y familias. En concreto, las tareas de la segunda etapa de la recuperación serán más fáciles desde el punto de vista clínico en la terapia de grupo, pareja o familia. Parte del trabajo con respecto a la familia de origen o a la reparación mutua también será mejor llevarla a cabo en estas modalidades. Estas opciones, sin embargo, no siempre se encuentran disponibles por varias razones, desde falta de recursos, hasta falta de disponibilidad y renuencia de las parejas o de los miembros de la familia para participar en la terapia.

Quisiera sugerir algunas opciones para el trabajo con adictos en recuperación en estas etapas cuando esas limitaciones hacen que solo sea viable la terapia individual o a corto plazo. La terapia individual puede ser una lente útil *si* nosotros, como terapeutas, estamos dispuestos a ponernos atención a nosotros mismos como parte de un sistema diádico. Somos como la pareja del cliente en la sala. Ofrecemos el mejor recurso disponible en el momento para que este practique habilidades de contacto, así como para que desarrolle habilidades de automodulación. Podemos ser fuente de información con respecto a la forma de interactuar del adicto, y proporcionar un foro para que practique la expresión del enojo, sentirse empoderado o escuchar a otros. Al ofrecernos nosotros mismos como parte del proceso del cliente y como parte de un proceso cocreado, el trabajo puede dejar de enfocarse en el aislamiento de la persona y podremos enfocarnos en el adicto y en el terapeuta como un campo interpersonal. Como describen Gordon Wheeler, Robert Stolorow y George Atwood, se trata solo de reconocer lo que ya existe en la terapia, el "nosotros" del campo terapeuta-cliente. Algunas preguntas específicas que surgen a partir de este enfoque interpersonal de la terapia son: ¿Cómo mantiene el adicto un límite con el terapeuta? ¿Cómo comunica el adicto sus necesidades? ¿Qué tipo de relación generan el adicto y el terapeuta y qué tanto se asemeja o diferencia del sistema actual de familia o pareja del cliente? Si nos planteamos estas preguntas, como terapeutas debemos estar atentos a nuestros sentimientos, pensamientos y conductas hacia el adicto.

Otras tareas de la recuperación se apoyan en terapia y permiten que el cliente las intente cumplir entre sesiones. Estas incluyen lecturas sobre meditación o reflexión que sirvan de apoyo al adicto en el desarrollo de esas capacidades. La mayoría de nosotros no desarrollamos estas capacidades en nosotros mismos, o intentamos volvernos expertos en temas espirituales solo desde nuestro rol como terapeutas, pero podemos aprender lo suficiente como para poder apoyar al adicto para que alcance estos niveles.

Cuando me he enfrentado con un número limitado de sesiones, he ayudado a los clientes a que diseñen experimentos para llevar a cabo entre sesiones, usando las sesiones subsiguientes para practicar el experimento de nuevo o para procesar su experiencia fuera de la terapia. Un ejemplo de esto fue un adicto que tuvo la idea de decir cómo se sentía a las personas, sin censura; tenía solo seis sesiones cubiertas por compañía aseguradora. En una sesión hicimos una lista de las personas con quienes podría hacer esto. En la siguiente me comentó lo que había sentido al llevar a cabo este experimento y después me dijo a mí algunas frases sin censurarse. Si hubiéramos tenido más tiempo disponible, podría haber explorado este experimento en la sesión, usando sillas vacías o asumiendo yo el rol de alguien más en su vida.

La principal repercusión de este enfoque para el tratamiento residencial u hospitalario es que se produce un cambio en el cual se deja de lado el enfoque genérico que suele aplicarse —"todos los adictos son iguales"— y se pasa a un análisis más individual. Esto funciona sobre todo para ayudar a los adictos en la recuperación inicial a que desarrollen automodulaciones alternativas. Se debe poner mayor énfasis en los aspectos del *self* y del fondo del cliente (como estructura de la personalidad, etnicidad, raza y género). Esto a veces es difícil, ya que el tiempo en terapia es reducido, sin embargo, ampliar el lente para incluir estos aspectos del fondo del adicto ayuda a verlo en un marco más completo.

Si es viable, otro proceso alternativo es el desarrollo de grupos de terapia en la segunda y tercera etapas de recuperación. Podrían ser grupos enfocados en los adictos durante los primeros cinco años, de recuperación o de largo plazo. Los grupos que se enfocan en tareas específicas y en temas como el establecimiento de límites y la competencia interpersonal podrían servir de foros habituales con el fin de que trabajen en este proceso.

El trabajo con los adictos en recuperación puede ampliarse en las formas aquí descritas. La principal implicación es que nosotros, como profesionales clínicos, enfocamos nuestra atención en el proceso de recuperación de la adicción como parte del crecimiento continuo de las personas que tratamos. La recuperación es más que una alternativa para la adicción. En su máxima evolución, la recuperación es un restablecimiento o desarrollo de funciones del *self* y una reintegración al mundo de los otros.

Implicaciones para el tratamiento de otros estilos compulsivos

El foco de este libro está en el proceso de la adicción al alcohol o a las drogas y en el proceso de recuperación de esa adicción. Una consideración importante en el desarrollo de este modelo y enfoque es cómo podría aplicarse a otros trastornos compulsivos. Quiero hablar brevemente sobre esto para concluir este análisis. Parte de este material y modelo se puede aplicar a otras llamadas adicciones, pero creo que existen diferencias significativas entre otras conductas compulsivas y la adicción al alcohol y las drogas, y la recuperación. Algunos de estos síndromes se definen actualmente como adicciones en manuales diagnósticos, e incluso son tratados como tales en la teoría y la práctica.

La Asociación Psiquiátrica Americana incluye la dependencia al alcohol y las drogas como trastornos por consumo de sustancias; comer en exceso, como trastorno de la conducta alimentaria, y el juego patológico, como trastorno del control de impulsos. El término *dependencia de las sustancias* se usa de manera equívoca para la adicción; los criterios para el juego patológico son similares a la dependencia del alcohol y las drogas. Por su parte, Patrick Carnes describe la conducta sexual compulsiva como "adicción sexual" y como la continuación de las conductas sexuales modeladas en la evolución del alcoholismo, y presenta los 12 pasos de AA como tratamiento para la adicción sexual. Los Comedores Compulsivos Anónimos también se basan en un modelo de adicción y aplican los mismos pasos desarrollados por AA, recalcando el concepto de impotencia. Ese grupo se dividió en dos subgrupos que se distinguen por su aproximación a la recuperación, uno propone un programa de recuperación más estructurado y disciplinado.

De acuerdo con Stanton Peele, vivimos en una cultura en la cual se define como adicción una creciente cantidad de conductas. Peele llama a este proceso la "enfermización de Estados Unidos". La proliferación de estos grupos sugiere que el proceso que describe es acertado, pero la principal preocupación con la que me enfrento cuando considero cómo aplicar este modelo es si los distintos trastornos son lo suficientemente similares como para que el modelo resulte de utilidad. Tres preguntas aclaran esta preocupación y dejan al criterio de cada quien aplicarlo o no, para tratar otros tipos de adicciones:

- ¿Cuánto podemos estirar la definición de adicción antes de que pierda precisión y practicidad como un marco organizador para entender y tratar la conducta?
- ¿Cuáles son las diferencias específicas, individuales y grupales, entre estas adicciones que pueden surgir al aplicar el modelo de automodulación?
- ¿Cuáles son las diferencias entre las adicciones en cuanto a las etapas de recuperación y la definición de abstinencia?

La adicción y la recuperación como fenómenos de frontera

El modelo gestáltico de la adicción se basa en la visión del contacto con sustancias y personas como un fenómeno de frontera; es decir, experimentamos a los demás y las sustancias en la frontera del *self*. La frontera es el límite o la distinción de lo que soy yo y lo que no soy yo, lo que llamamos *nosotros* o *nuestro grupo* versus *no nosotros* o *no nuestro grupo*. La recuperación de la dependencia a las sustancias se basa en definir esta frontera con la droga para mantenerla fuera del *self*; eso es la abstinencia. Para los drogadictos y los alcohólicos, la abstinencia es un límite claro y congruente; no existe ambigüedad.

Tener claridad con respecto a la abstinencia es la tarea inicial de la primera etapa del proceso de recuperación.

Por el contrario, esta definición no es tan clara en otras llamadas adicciones. Es imposible que un comedor compulsivo no ingiera alimentos. Para los comedores compulsivos, el manejo de su conducta debe lograrse *mientras se consume la sustancia*. Muchas personas que están en Comedores Compulsivos Anónimos hablan del problema de encontrarse con múltiples definiciones de la abstinencia en las reuniones. Algunos definen la abstinencia como la cantidad de comida o la frecuencia de las comidas. Otros definen comidas específicas como sustancias adictivas (harina, azúcar) y no consumen estos alimentos. Esta variedad de límites con la comida tiene mucha mayor diversidad que los límites percibidos por los alcohólicos y drogadictos. El problema para muchas de estas personas a menudo consiste en que no comparten la misma experiencia de la abstinencia que los adictos de AA y NA. De acuerdo con Geneen Roth, el problema adicional para muchos que abusan de la comida es la complejidad de necesidades emocionales que suple.

A pesar de estas cuestiones de frontera, sí podríamos distinguir la adicción a la comida como adicción a una sustancia. Por el contrario, podemos definir el juego, el gasto compulsivo y el sexo compulsivo como adicciones al proceso. Es decir, el hábito es con respecto al proceso y a la conducta más que a la sustancia. Estos pueden generar estimulación y euforia. Cada uno de estos procesos puede ser socialmente aislante y, si continúa, puede llevar al estrechamiento que se explicó en las etapas de la adicción. La adicción a las sustancias puede cambiar el darse cuenta debido al uso y, con el tiempo, puede causar daño psicológico y fisiológico. Las adicciones al proceso también pueden modificar el hecho de darse cuenta y generar una dependencia a los cambios en la química corporal que se derivan de las sensaciones asociadas con la conducta y que también provocan daño psicológico y fisiológico a largo plazo. El efecto va más allá de la repetición observable de la conducta.

La adicción sexual es otra definición polimorfa. De acuerdo con Patrick Carnes y Adictos al Sexo y al Amor Anónimos, los síntomas varían desde masturbación crónica, exhibicionismo y voyerismo, hasta interacciones compulsivas con otros. Aunque existen algunas personas que llevan una vida célibe, el impulso sexual es un aspecto normal de la experiencia humana. De nuevo surge la pregunta: ¿qué es la abstinencia para los adictos sexuales? Mi experiencia clínica me ha enseñado que las personas tienen conflictos con esta pregunta. Algunas definiciones de abstinencia que usan incluyen monogamia, ver a otros sin tener una atracción sexual, evitar la masturbación e involucrarse solo en conductas sexuales que estén basadas en el contacto con otra persona y en la intimidad, más que usar a otros como objetos o inspiración para la fantasía. He escuchado el conflicto de las personas con estas definiciones y con la forma de incorporarlas en su vida. Creo que esta confusión refleja la diversidad de conductas sexuales actualmente diagnosticadas como adicción sexual.

En mi experiencia clínica, la abstinencia del juego es un fenómeno de frontera más claro: uno juega o no juega. No existe una necesidad organísmica de jugar; no es necesaria para alimentar al *self* o para su sobrevivencia. Al principio, es una forma de estimulación. Creo que es un proceso que sustituye otras interacciones o que eventualmente reemplaza todos los tipos de estimulación y se vuelve la figura dominante. La recuperación también es un fenómeno de frontera claro; el jugador no toma la hoja de apuestas, carta, dado o lo que sea.

Algunos alcohólicos y drogadictos también son jugadores compulsivos y pueden sustituir este proceso antes o durante la recuperación. Esto interfiere con su paso por las etapas de la recuperación y continuará estrechando su darse cuenta. El juego de azar en la recuperación de la adicción a las drogas o el alcohol puede mantener al adicto atrapado en un ciclo acortado similar al que se asocia con el consumo de sustancias.

La recuperación

Creo que existen diferencias significativas en el proceso de recuperación de estas distintas adicciones, diferencias que son evidentes en las etapas y tareas de la recuperación y que implican una respuesta clínica diferente. Las etapas aquí presentadas se basan en la tendencia del adicto —al alcohol y a las drogas— a internalizar en vez de salir al ambiente y a evitar darse cuenta a través de la desensibilización.

La recuperación para los alcohólicos y drogadictos se basa en una frontera definida en relación con la sustancia y la necesidad de retroflectar las acciones hacia ella. Para otros trastornos compulsivos o adicciones, el movimiento evolutivo en la recuperación puede ser distinto. Por ejemplo, el autodenominado adicto sexual puede necesitar mayor desarrollo de su darse cuenta interno o habilidades básicas de contacto con otros, como pasos previos para la interacción sexual llena de contacto. Para el drogadicto y el alcohólico, por el contrario, el desarrollo de su darse cuenta interno no constituye un paso previo a beber o consumir de nuevo. La diferencia estriba en que el límite del alcohólico y el drogadicto con la droga es permanente y fisiológico. La meta del trabajo de recuperación en la adicción a las drogas no es el restablecimiento del contacto íntimo con la sustancia.

Los adictos a la comida necesitan manejar su forma de comer en exceso y estar atentos a su requerimiento real de vitaminas, proteínas y demás. Los drogadictos o alcohólicos no necesitan los químicos del alcohol, la cocaína o la heroína. Mi experiencia clínica es que existen diferencias entre los drogadictos y los comedores compulsivos. Me estoy enfocando en quienes comen en exceso; los anoréxicos y bulímicos parecen evolucionar a partir de distintas bases de desarrollo. Quienes comen en exceso son propensos a tener límites porosos; se sienten heridos o afectados fácilmente y tienden a orientarse hacia el ambiente. Puede ser que necesiten fortalecer los límites de su *self* y reducir la dependencia interpersonal; con quienes comen en exceso, la separación e individuación parecen ser más importantes en el trabajo de recuperación inicial.

Las etapas posteriores de la recuperación para los adictos a la comida son similares al modelo aquí presentado, pero los temas clave son la resolución de la imagen y la dismorfia corporales. Las complejidades del desarrollo y, en especial el de la mujer, son más que las que aquí se presentan. Con los adictos a las drogas y el alcohol en recuperación, que también abusan de la comida, el foco clínico debe estar en las necesidades de desarrollo de la persona en la recuperación.

Los adictos al juego pasarán por las etapas de la recuperación como aquí se describen. Habrá menos recuperación fisiológica que en la adicción a las drogas y el alcohol. Lo que puede ser útil es explorar el regreso del adicto al juego en recuperación, a la interacción social a través de niveles de sistema más amplios, como se describió aquí. La retroflexión del deseo de jugar, tarea de la primera etapa, es parte fundamental del proceso de recuperación, así como evitar situaciones que puedan evocar el deseo de jugar.

El proceso de cualquiera de estas adicciones interferirá con el desarrollo de otros sentimientos y disminuirá que la persona llegué a darse cuenta, a ser consciente. La recuperación implicará aprender a quedarse con los sentimientos que antes han sido evitados o desensibilizados.

Estamos en un momento cultural en el que hemos empezado a examinar nuestros excesos. Definir muchas de estas conductas como adicciones es parte de ese gran reencuadre social. Vivimos en un contexto distinto del que se vivía en la década de 1960, cuando muchas personas consideraban la conducta excesiva en relación con las drogas y la sexualidad como la norma. La pregunta a un nivel más amplio sería cuál es el punto medio o la conducta normal en torno a la sexualidad, la comida o el juego hoy en día.

Desde una perspectiva gestáltica, lo *normal* se define como aquello que sustenta el funcionamiento sano del *self* dentro del contexto social más amplio —no siempre una solución fácil para la persona—. El hecho de que algunas de esas conductas no se definan en estricto sentido como adicciones, no minimiza la utilidad de algunos aspectos de este modelo. Solo se vuelven problemáticas cuando los profesionales clínicos y los adictos ignoran algunas diferencias e intentan abordar todo como si se tratara una adicción al alcohol o las drogas.

Consideraciones finales

Cuando un colega leyó mi borrador de este texto, me comentó: "¿cuándo termina? ¿Cuándo deja de ser recuperación y se vuelve vida?". Mi respuesta a esta pregunta es que la recuperación termina cuando la persona en cuestión ya no se ve a sí misma como un adicto en recuperación; cuando ya no organiza su campo de esa forma. Y sin embargo, la forma en que organizamos el campo se basa parcialmente en nuestra historia. La diferencia, entonces, es a qué grado el adicto se define a sí mismo en términos de adicción y recuperación. Para responder a esta pregunta desde mi perspectiva, *lo que se recupera es la vida.* Lo que se recupera son las opciones de desarrollar el *self* y la capacidad de relacionarse con los demás, y esa clase de expansión no necesita terminar nunca. Yo creo que para los adictos en recuperación este crecimiento se basa en las tareas de desarrollar un límite con las drogas, pero que el trabajo a largo plazo no se basa en las sustancias, sino en el *self* y los otros. Así que, para responder la pregunta, posiblemente la recuperación es el desarrollo del *self* y la sanación de por vida.

Espero que este libro ofrezca un cambio útil en el campo del tratamiento de la adicción. Intenta ser provocador; el modelo que aquí he presentado es bastante distinto del modelo prevalente de enfermedad. La diferencia más importante es que al ver a través del lente de la automodulación, más que a través del lente de la epidemiología, se pone el foco en el individuo y su lucha.

Estas luchas son las que vemos todos los días en nuestros consultorios, como profesionales clínicos, o en los grupos. Pero parte de lo que como terapeutas nos hemos tragado o aceptado como evangelio sobre el tratamiento de la adicción puede no ajustarse a las personas que tratamos.

Creo que la máxima prueba de la validez o de la utilidad de cualquier modelo es: cómo puede este enfoque calzar con la persona y no cómo la persona puede calzar con el modelo. Digo esto para que el lector revise cómo calzan las observaciones en la práctica.

Bibliografía

Ackerman, R. (ed.) (1986). *Growing in the Shadow: Children of Alcoholics*. Pompano Beach: Health Communications.

Adityanee, A. y Murray, R. (1991). "The Role of Genetic Predisposition in Alcoholism". En I. Glass (ed.), *The International Handbook of Addiction Behaviour.* Londres: Tavistock/Routledge.

Alcoholics Anonymous World Service (1976). *Alcoholics Anonymous*. Nueva York: Alcoholics Anonymous World Service.

American Psychiatric Association (1980). *Diagnostic and Statistical Manual of Mental Disorders*. Washington, D.C.: American Psychiatric Association.

Augustine Fellowship. *Sex and Love Addicts Anonymous*. Boston: Fellowship. Wide Services.

Bateson, G. (1971). "The Cybernetics of Self: A Theory of Alcoholism". *Psychiatry*, 34, pp. 1-18.

Beisser, A. (1970). "Paradoxical Theory of Change". *In Gestalt Therapy Now*. Fagan, J. & Shepherd, I.L. Gestalt Therapy Press: Highland, N.Y.

Blume, S. (1985). "Women and alcohol". En Forrest, G. y Bratter, T. (eds.), *Alcoholism and Substance Abuse: Strategies for Clinical Intervention*. Nueva York: Free Press.

Brown, S. (1985). *Treating the Acoholic: A Developmental Model of Recovery.* Nueva York: Wiley.

Brownell, P. (2012). *Gestalt Therapy for Addictive and Self-medicating behaviors*. Nueva York: Springer Publishing.

Carlock, C., Glaus, K. y Shaw, C. (1992). "The Alcoholic: A Gestalt View". En Nevis, E. (ed.), *Gestalt Therapy: Perspectives and Applications*. Lake Worth: Gardner Press.

Carnes, P. (1983). *Out of the Shadows.* Minneapolis: CompCare.

Caution, G. (1986). "Alcoholism and the Black Family". En R. Ackerman (ed.), *Growing in the Shadow.* Pompano Beach: Health Communications.

Clemmens, M. (1993). "Chemical Dependency as a Developed Contact Style". *Gestalt Review,* 4(I), pp. I-6.

Daley, D., Moss, H. y Campbell, F. (1987). *Dual Disorders.* Center City: Hazelden Foundation.

Epstein, E. y McGrady, B. (1994). "Research on the Nature and Treatment of Alcoholism: Does One Inform the Other? *Journal of Consulting and Clinical Psychology*, 62(6), pp. 1091-1095.

Erikson, E. (1963). *Childhood and Society.* Nueva York: Norton.

Fantz, R. (1975). "Polarities: Differentiation and Integration". En D. Stephenson (ed.), *Gestalt Therapy Primer.* Springfield: Thomas.

Fingarette, H. (1988). *Heavy Drinking: The Myth of Alcoholism as a Disease.* Berkeley: University of California Press.

Goodman, P. (1991). *Nature Heals.* Highland: Gestalt Journal Press.

Gorski, T. y Miller, M. (1986). *Staying Sober: A Guide for Relapse Prevention.* Independence: Herald House.

Greenberg, E. (1989). "Healing the Borderline". *Gestalt Journal,* 12(2), pp. 11-55.

Huckabay, M. (1992). "An Overview of the Theory and Practice of Gestalt Group Therapy". En E. Nevis (ed.), *Gestalt Therapy: Perspectives and Applications.* Lake Worth: Gardner Press.

Jellinek, E. (1960). *The Disease Concept of Alcoholism.* New Haven: College and Universities Press.

Jordan, J. (1991). "Empathy and Self Boundaries". En *Women's Growth and Connection: Writings from the Stone Center.* Nueva York: Guilford Press.

Kepner, J. (1987). *Body Process.* Lake Worth: Gardner Press.

Knowles, R. (1986). *Human Development and Human Possibility.* Lanham: University Press of America.

Levin, J. (1987). *Treatment of Alcoholism and Other Addictions.* Northvale: Aronson.

Mate', G. (2010). In the Realm of Hungry Ghosts. Berkeley: North Atlantic Books.

McConville, M. (1995). *Adolescence: Psychotherapy and the Emergent Self.* San Francisco: Jossey-Bass.

Overeaters Anonymous (1980). *Overeaters Anonymous.* Torrance: Overeaters Anonymous Inc.

Peele, S. (1991). *The Diseasing of America.* San Francisco: New Lexington Books.

Perls, F. (1969). *Ego, Hunger, and Aggression.* Nueva York: Vintage Books.

Perls, F., Hefferline, R. y Goodman, P. (1951). *Gestalt Therapy; Excitement and Growth in the Human Personality*. Nueva York: Julian Press.

Perls, L. (1992). *Living at the Boundary.* Highland: Gestalt Journal Press.

Polster, E. y Polster, M. (1973). *Gestalt Therapy Integrated.* Nueva York: Brunner/Mazel.

Roth, G. (1993). *Feeding the Hungry Heart*. Nueva York: Penguin Books.

Smith, E. (1985). *The Body in Psychotherapy.* Jefferson: McFarland.

Storolow, R. y Atsook, G. (1992). *Contexts of Being: The Intersubjective Foundations of Psychological Life*. Hillsdale: Analytic Press.

Telfair-Richards, J. (1988). "Energy: A Taoist-Gestalt Perspective". *Gestalt Review*, 3(1), pp. 8-10.

Trimpey, J. (1989). *The Small Book.* Nueva York: Delacorte Press.

Valliant, G. (1983). *The Natural History of Alcoholism.* Cambridge: Harvard University Press.

Wheeler, G. (1991). *Gestalt Reconsidered.* Lake Worth: Gardner Press.

White, J. (1995). "A Special Case of Gestalt Ethics". *Gestalt Journal*, 19(2), pp. 33-54.

Wilber, K. (1986). *Transformations of Consciousness.* Boston: New Science Library.

Yontef, G. (1993). *Awareness, Dialogue, and Process.* Highland: Gestalt Journal Press.

Zinker, J. (1977). *Creative Process in Gestalt Therapy.* Nueva York: Brunner/Mazel.

Acerca del autor

Michael Craig Clemmens es psicólogo con práctica privada especializada en recuperación de la adicción, terapia corporal y sanación de abuso y trauma. Es miembro del profesorado del Instituto Gestalt de Cleveland (Ohio, EUA), donde enseña y preside la especialización para trabajar con las personas.

Clemmens ha enseñado Gestalt y tratamiento de adicciones tanto en Estados Unidos como en otros países. Su formación incluye psicología fenomenológica, terapia Gestalt y varios enfoques corporales en torno al desarrollo. Se formó en el Instituto de Cleveland y con otros formadores en Gestalt, incluyendo Laura Perls. Obtuvo su doctorado en 1987 en la Universidad de Pittsburgh.

Más allá de la sobriedad
se terminó de imprimir en la Ciudad de México
en julio de 2021 en los talleres de Impresora Peña Santa S.A.
de C.V., Sur 27 núm. 457, Col. Leyes de Reforma, CP 09310, Ciudad
de México. En su composición se utilizaron tipos
Berkeley Oldstyle Book y Berkeley Oldstyle Book italic.